ROSE AUSLÄNDER
(1901–1988)

JÜDISCHE MINIATUREN
Herausgegeben von Hermann Simon

Band 214 ROSE AUSLÄNDER

Alle »Jüdische Miniaturen« sind auch im Abonnement beim Verlag erhältlich.

Die Deutsche Nationalbibliothek verzeichnet diese Publikation in der Deutschen Nationalbibliografie; detaillierte Daten sind im Internet über https://portal.dnb.de/ abrufbar.


Inh. Dr. Nora Pester
Wilhelmstraße 118, 10963 Berlin
info@hentrichhentrich.de
http://www.hentrichhentrich.de

Korrektorat: Maria Neuser
Satz: Barbara Nicol
Gesamtherstellung: Thomas Schneider, Jesewitz
Druck: Winterwork, Borsdorf

1. Auflage 2018

Printed in Germany
ISBN 978-3-95565-239-5

HELMUT BRAUN

# ROSE AUSLÄNDER

## DER STEINBRUCH DER WÖRTER

*Umschlag vorn:*
*Rose Ausländer 1973 im Nelly-Sachs-Haus, Düsseldorf*

Der Abdruck der Gedichte von Rose Ausländer erfolgt mit freundlicher Genehmigung des S. Fischer Verlages, Frankfurt/Main

# Inhalt

Vorwort 7

Die Gedichte zur Bukowina, Heimat, Kindheit und Jugend 19

Rose Ausländers Verhältnis zur Mutter Kathi Scherzer 33

Die Gedichte zum Judentum 41

Die Shoah-Gedichte 58

Transnistrien – Der vergessene Holocaust 62

Die Exilgedichte 73

Die Gedichte über die Sprache als dichterisches Medium, als Handwerk und als Heimat 80

Karl Krolow, Mohn und Gedächtnis 88

Die Gedichte von der Liebe, vom Altwerden und vom Tod 94

Quellenverzeichnis 101
Über den Autor 101

## Vorwort

Rose Ausländer habe ich 1975 kennengelernt. Ich suchte für das zweite Programm meines neugegründeten Verlags »et cetera – Literarischer Verlag Helmut Braun KG« Autorinnen und Autoren. Ein Verleger aus Düsseldorf wies mich auf die Dichterin hin und schenkte mir ihren Gedichtband »Andere Zeichen«. Ich hatte bis dahin von Rose Ausländer nie etwas gehört und keine Zeile von ihr gelesen. Von den Gedichten war ich auf Anhieb begeistert, und was mir der Kollege bruchstückhaft aus der Biografie der Lyrikerin erzählte – deutschsprachige Jüdin, Getto in Czernowitz, Exil in New York, seit 1972 in Düsseldorf, lebt im Jüdischen Altenheim –, machte mich neugierig auf diese Persönlichkeit. Die Kontaktaufnahme verlief problemlos; so einfach hatte ich das nicht erwartet. Ein kurzes Telefongespräch endete mit der Einladung, die Poetin im Altenheim zu besuchen.

Was blieb in meiner Erinnerung von diesem ersten Besuch? Ihre Augen. Große, dunkle, fast schwarze Augen. Sie sah mich aufmerksam an, ich stellte mich vor, sie bat mich in ihr Appartement im vierten Stock des Nelly-Sachs-Hauses. Der Flur, das Bad, ein Zimmer, ein großes Fenster, davor ein Balkon. Der Blick ging auf einen Park. Genauer auf die Reihe hoch gewachsener Pappeln, die den Park begrenzte.

»Nordpark / mein grüner Nachbar«. Der einzige Ort in Düsseldorf, der in Gedichten von ihr seinen Platz hat. Allerdings erwähnt sie auch den Rhein, der nur drei Steinwürfe vom Elternhaus der jüdischen Gemeinde Düsseldorf vorbeiströmt.

Ja, sie suche wieder nach einem Verlag und sie habe über sechshundert unveröffentlichte Gedichte. Sie ließ mich lesen. Ich hielt einen Schatz in den Händen und ich war fasziniert von der vitalen Ausstrahlung der nicht mehr jungen Frau. Wir wurden uns schnell einig. Ein halbes Jahr später erschienen ihre »Gesammelte[n] Gedichte« – fünf früher erschienene Bände und 100 unveröffentlichte Gedichte. Der Erfolg war überwältigend. Von den Medien hochgelobt, verkaufte sich das Buch glänzend. Aus dem literarischen Geheimtipp wurde »fast über Nacht« die bekannte Lyrikerin Rose Ausländer.

Dreizehn Jahre lang bis zu ihrem Tod am 4. Januar 1988 durfte ich Rose Ausländer betreuen. Zunächst als ihr Verleger. Ab 1980 dann als Herausgeber ihrer Bücher im S. Fischer Verlag in Frankfurt am Main. Dazu gehören unter anderem die achtbändige Werkausgabe und die sechzehnbändige Ausgabe im Taschenbuch.

Entscheidender war aber die Zeit ab Dezember 1977, als sich die Dichterin für bettlägerig erklärte und ihr Bett bis zu ihrem Tod nicht mehr verließ. Dies war nicht, wie vielfach vermutet, krankheitsbedingt. Sie erreichte damit vielmehr die vollständige Konzentration auf ihr Schreiben, ohne sich noch um die Dinge des Alltags kümmern zu müssen. In dieser Zeit habe ich Rose Ausländer fast jeden Freitag ab 18.45 Uhr besucht – etwa fünfhundertmal. Ich war ihr »Sekretär«, der den Kontakt zu den Medien und den Verlagen pflegte, war ihr Herausgeber und der Gesprächspartner, welcher ihre Biografie erforschte. Im Laufe der Jahre entstand Vertrauen und Zuneigung. Testamentarisch bestimmte sie mich zu ihrem Nachlassverwalter. Dem bin ich noch heute verpflichtet.

*Helmut Braun*
September 2017

*Rosalie Scherzer und ihre Eltern Kathi und Sigmund Scherzer*
*1904 in Czernowitz*

Rose Ausländers Schreiben ist biografisch. Sie beschreibt ihr Leben, seine Stationen, die Lieben, das Leid, Hoffnungen, Erfahrungen, Enttäuschungen, Glücksmomente, Wege und Ziele, Träume und »Wirklichkeit unser unverlässliches Märchen«.
Hätte sie ein anderes Leben gelebt, also in anderen Umfeldern, mit anderen Menschen, anderen Erfahrungen, wäre ein anderes Werk entstanden. Auch andere Dichter schöpfen in ihren Texten aus ihrem Erleben. Eine so enge Verknüpfung von Leben und Werk wie bei Rose Ausländer ist aber ungewöhnlich, selten, vielleicht einmalig.

**Mein Gedicht**

Mein Gedicht
ich atme dich
ein und aus

Die Erde atmet
dich und mich
aus und ein

Aus ihrem Atem geboren
mein Gedicht

Nähern wir uns dem Werk der Dichterin, so erscheint es zunächst ob seiner Fülle und seines Umfangs unüberschaubar: dreitausend Gedichte. Zweitausendfünfhundert davon sind publiziert und liegen unter anderem in der Taschenbuchwerkausgabe im Fischer Taschenbuch Verlag vor.
Diese hohe Zahl ist das Ergebnis von 70 Jahren triebhaften Schreibens. Rose Ausländer selbst hat die Frage nach der Motivation ihres kreativen Arbeitens auf den Punkt gebracht: »Schreiben ist ein Trieb!« Diesem Trieb unterwirft sie sich; lässt sich nicht auf einen von vornherein vergeblichen Kampf dagegen ein. Sie notierte auch: »Schreiben war Leben. Überleben!« In den härtesten Stunden, den härtesten Jahren ihres Lebens, während der Shoah, gab nur noch die Möglichkeit zu schreiben die Kraft zum Weiterleben: gegen Hoffnungslosigkeit, gegen Verzweiflung, gegen Fatalismus, auch gegen die eigene Vernunft, die den Sinn eines Weiterlebens in Frage stellte. Solche Erfahrungen prägen. Das Urvertrauen der Dichterin in die Sprache aber, die Gewissheit, alles sei sagbar, blieb unbesiegt. Das Vertrauen in die eigene wie in die menschliche Kreativität schlechthin können bei ihr im übertragenen wie im wörtlichen Sinn Berge und Meere versetzen. Die Zahl von dreitausend geschriebenen Gedichten relativiert sich, wenn wir bedenken, dass diese das Ergebnis von 70 Jahren

Schreibens sind. Rein rechnerisch ergibt sich pro Jahr die Zahl von »nur« dreiundvierzig Gedichten. Eine solche Betrachtung greift natürlich zu kurz. Rose Ausländer schrieb »in Schüben«: Hochkreativen Phasen mit explosionsartigem Schreiben folgten Phasen des Wenigschreibens, ja, Jahre regelrechter Schreibhemmung. Als besonders kreativ lassen sich die Zeiträume von 1956 bis 1963, also nach ihrer »Rückkehr« aus der englischen in die deutsche Sprache, dann von 1971 bis 1974, verbunden mit dem unfallbedingten Sesshaftwerden in Düsseldorf und schließlich von 1982 bis 1986, somit während der Bettlägerigkeit der Dichterin, festmachen.

**Dichten**

Sieben Höllen
durchwandern

Der Himmel sieht
es gern

geh sagt er
du hast nichts
zu verlieren

Auch während der Kreativphasen entstehen nicht auf Anhieb fertige Gedichte. Vielmehr sammelt sie in solchen Zeiten die Ideen zu Gedichten, die anscheinend aus ihr heraussprudeln. Hier entstehen Konvolute an Rohmaterial, die sie später – auch dann, wenn sie wegen Schreibhemmung keine neuen Materialien sammelt – intensivst bearbeitet, überarbeitet, verändert, verdichtet. Im Nachlass liegen zu Gedichten bis zu fünfundzwanzig Fassungen vor, gelegentlich ist ein Bearbeitungszeitraum von bis zu dreißig Jahren zwischen Erstnotat und letztlich von ihr gebilligter Endfassung nachweisbar. Die Veröffentlichung eines Gedichts – zum Beispiel in einer Zeitschrift – bedeutet nicht, dass damit die Arbeit am Text aufhört. Es lassen sich manche Belege dafür finden, dass Rose Ausländer Gedichte von Druckfassung zu Druckfassung überarbeitete; gelegentlich sogar vom Erstdruck in einer Zeitung, über die Veröffentlichung in einer Anthologie, zum Druck in einem eigenen Gedichtband und dann zur erneuten Publikation 1976 in den »Gesammelte[n] Gedichte[n]«.
Immer wieder taucht die Behauptung auf, die Poetin habe naiv-intuitiv geschrieben. Diese Behauptung ist für die Mehrzahl ihrer Gedichte mit Sicherheit falsch. Selbstverständlich beherrscht sie ihr dichterisches Handwerk perfekt. Die Leichtigkeit, das Schwebende, die Musikalität, der gelungene Rhythmus vieler Texte,

täuschen naiv-intuitives Schreiben vor. Bei der Beschäftigung mit fast fünfundzwanzigtausend Seiten Manuskripte und Typoskripte im Nachlass wird aber sehr schnell klar, dass Rose Ausländers Schreiben nicht nur perfektes Handwerk und perfektes Herzwerk, sondern eben auch perfektes Kopfwerk ist. Dieser Dreiklang macht ihre Gedichte solitär und begründet ihren großen Erfolg beim Lesepublikum. Sehen wir von gelegentlichen poetischen Beschreibungen ihres kreativen Arbeitsprozesses ab, die durchaus ein naiv-intuitives Vorgehen nahelegen, so finden wir in Selbstzeugnissen und Briefen diverse Hinweise, wie durchdacht und reflektiert ihre Texte entstehen. »Mein frühes Interesse galt der Philosophie, […] Benedikt Spinoza […] und der große Berliner Denker Constantin Brunner haben meinem Denken und Dichten ein Fundament gegeben.« und »Ich lege Rechenschaft ab, über mich, meine Umgebung, Zustände, Zusammenhänge.« Auch dass sie bestimmte Themen ihr dichterisches Leben lang immer wieder aufgreift und dabei fortschreibt, zeigt ihr durchdachtes Arbeiten. Beispielhaft sei hier nur auf den Komplex der Eva-Gedichte hingewiesen, in welchen sie über einen Zeitraum von mehr als fünfzig Jahren in zweiundfünfzig Gedichten den Eva-Mythos neu erfasst und umschreibt, dabei konsequent fortentwickelt und fortschreibt. Dabei wird auch deutlich, wie sich ihr Schreibstil im Laufe der Jahre verändert hat, bis hin zu karger Knappheit, die grandiose Essenz ist.

Bei näherer Betrachtung ihres Werkes lassen sich – hilfreich in der Gedichtflut – sechs große Kapitel bilden, die alle eng mit der Biografie der Lyrikerin verknüpft sind: Die Gedichte zur Bukowina, Heimat, Kindheit und Jugend; die Gedichte zum Judentum; die Shoah-Gedichte; die Exilgedichte; die Gedichte zur Sprache als lyrisches Ausdrucksmittel, als Handwerk und als Heimat; und die Gedichte von der Liebe, vom Altwerden und vom Tod.

Natürlich lassen sich auch andere Einteilungen und Zuordnungen finden, natürlich berücksichtigen die sechs Einteilungen nicht die Gesamtheit der Gedichte. So gibt es neben anderen auch Gedichte zu Bildern und bildenden Künstlern, zu Schriftstellern und Philosophen, Landschafts- und Naturgedichte, Stadtgedichte, die Gedichte vom Bekenntnis zum Menschen, zum Du. Und doch scheint mir die Zusammenfassung des überwiegenden Teils der lyrischen Texte Rose Ausländers in die genannten sechs Kapitel zurzeit die überzeugendste Klassifizierung zu sein.

Viele Gedichte gefunden
aber
ich suche das Wort
Zwischenzeilwort
im bunten Buchstabentanz
Konsonanten Vokale
Vokabeln ich taste
die Weite und Tiefe
der Wörter
Suche erfinde
das verstohlene
Wort

*Passfoto für ein Besuchervisum in die USA 1921*

## Die Gedichte zur Bukowina, Heimat, Kindheit und Jugend

Gelegentlich ist zu lesen, Rose Ausländer sei die »Sängerin der Bukowina«. Richtig ist, dass die Dichterin eine Reihe von Gedichten publiziert hat, in welchen sie sich mit ihrer Heimat, der Stadt Czernowitz und der Bukowina – dem Buchenland – erinnernd auseinandersetzt. Dies geschieht aus einer zeitlichen Distanz von dreißig und mehr Jahren und aus der räumlichen Distanz von New York, später Düsseldorf, zu Czernowitz in der Ukraine, die sich zunächst aus politischen, später aus persönlichen Gründen ergibt. Sie will oder kann sich ihren Erinnerungen nicht vor Ort stellen; will die Erinnerungen nicht überprüfen oder gar korrigieren. Die von ihr in den Gedichten und wenigen Prosatexten gezeichneten Czernowitz- und Bukowinabilder sind ohne Zweifel beschönigend, ja verklärend. Gleichwohl wurde besonders der 1965 geschriebene Text »Erinnerungen an eine Stadt« zum Standardzitat, sobald Czernowitz beschrieben werden soll. Doch so ideal wie hier aufgezeigt, können die Verhältnisse nicht gewesen sein! Allerdings beschränkt Rose Ausländer sich auch – von wenigen Shoah-Gedichten abgesehen, welche konkrete Bezüge zu Czernowitz und Transnistrien aufzeigen – auf die österreichische Epoche der Stadt und der Bukowina

vor dem Ersten. Weltkrieg, die in kultureller, politischer und wirtschaftlicher Sicht die Blütezeit beider darstellt.
Auf die Frage nach den Motiven ihres Schreibens antwortete Rose Ausländer unter anderem: »Vielleicht weil ich in Czernowitz zur Welt kam, weil die Welt in Czernowitz zu mir kam. Die besonderen Menschen. Märchen und Mythen lagen in der Luft, man atmete sie ein.« Und Paul Celan erklärte, er käme »aus einer Gegend, in der Menschen und Bücher lebten«. Das macht neugierig auf diese Stadt und verspricht einen lohnenden Blick. Zunächst soll Rose Ausländer zu Wort kommen mit ihrem Text »Erinnerungen an eine Stadt«, den sie 1965 für eine Rundfunksendung schrieb:
»Eine entlegene, osteuropäische Stadt, nicht groß, nicht klein: Czernowitz, die Hauptstadt des Kronlandes Bukowina der ehemaligen österreichisch-ungarischen Monarchie. Die Bukowina, auch ›Buchenland‹ genannt – von den Nordost-Karpaten breitet sie sich hin über die waldreichen Berge und Hügel des Karpatenvorlandes, zur podolischen Steppentafel im Norden, zur bessarabischen im Osten. Ende des 14. Jahrhunderts findet sich die erste urkundliche Erwähnung als ›Buchenland‹. Der Süden ist altes rumänisches Stammland unter moldauischen Fürsten. 1514 kommt die Bukowina für ein Vierteljahrtausend unter türkische Oberhoheit, 1775 fällt sie an die Habsburger Dop-

pelmonarchie, die sie später zum selbständigen Kronland macht. Die etwa 160 000 Einwohner der Stadt Czernowitz setzen sich aus Deutschen, Ukrainern, Juden, Rumänen sowie Minderheiten von Polen und Madjaren zusammen. Eine buntschichtige Stadt, in der sich das germanische mit dem slawischen, lateinischen und jüdischen Kulturgut durchdrang. Bis 1924 – obwohl die Bukowina schon 1918, nach dem Ersten Weltkrieg, Rumänien zugesprochen wurde – waren die Landessprachen Rumänisch und Deutsch, nachher bis Ende des Zweiten Weltkrieges war sie offiziell Rumänisch, praktisch aber weiter Deutsch. Deutsch war nicht nur die Umgangs- und Kultursprache, es war und blieb die Muttersprache des größten Teils der Bevölkerung. Eigentlich blieb Czernowitz [heute: Tscherniwzi] bis 1944 eine österreichische Stadt – seitdem gehört sie zur ukrainischen Sowjetrepublik [heute: Republik Ukraine].

Die verschiedenen Spracheinflüsse färbten natürlich auf das Bukowiner Deutsch ab, zum Teil recht ungünstig. Aber es erfuhr auch eine Bereicherung durch neue Worte und Redewendungen. Es hatte eine besondere Physiognomie, sein eigenes Kolorit. Unter der Oberfläche des Sprechbaren lagen die tiefen, weitverzweigten Wurzeln der verschiedenartigen Kulturen, die vielfach ineinandergriffen und dem Wortlaub, dem Laut- und Bildgefühl Saft und Kraft zuführten. Mehr als ein Drittel der Bevölkerung war jüdisch und das gab der Stadt eine besondere Färbung. Altjüdisches Volksgut, chassidische Legenden ›lagen in der Luft, man atmete sie ein‹. Aus diesem barocken Sprachmilieu, aus dieser mythisch-mystischen Sphäre sind deutsche und jüdische Schriftsteller hervorgegangen: Paul Celan, Alfred Margul-Sperber, Immanuel Weißglas, Rose Ausländer, Alfred Kittner, Georg Drozdowski, David Goldfeld, Alfred Gong, Moses Rosenkranz, Gregor von Rezzori, der bedeutendste jiddische Lyriker Itzig Manger und andere. Czernowitz war hässlich und schön: architektonisch stillos, aber landschaftlich lieblich und von eigentümlichem Reiz. Eigentlich ist die Stadt ein enormer Hügel. Vom Flusstal des Pruth erhebt sie sich in steter Steigung ungefähr 150 bis 200 Meter bis zum waldgroßen Volksgarten. Auch andere hügelige Naturparks und viele blumenreiche Privatgärten zierten die Stadt. Sie ist von einer Kette prächtiger alter Buchenwälder umschlossen, wo Amseln, Drosseln und Nachtigallen sommers ihren Stimmen freien Lauf lassen.

**Pruth**

Da zirpten die Kiesel im Pruth
ritzten flüchtige Muster in
unsere Sohlen

Narzisse wir lagen im Wasserspiegel
Hielten uns selbst im Arm

Nachts vom Wind bedeckt
Bett mit Fischen gefüllt
Goldfisch der Mond

Schläfenlockengeflüster:
Der Rabbi in Kaftan und Stramel
von glückäugigen Chassidim umringt

Vögel – wir kennen nicht
ihre Namen ihr Schrei
lockt und erschreckt
Auch unser Gefieder ist fertig
Wir folgen euch
über Kukuruzfelder
schaukelnde Synagogen

Immer zurück zum Pruth

Flöße
aus Holz oder Johannisbrot?
pruthab

Wohin ihr Eilenden
und wir hier allein
mit den Steinen?

Östliches Kulturzentrum und seit 1875 Universitätsstadt, aber auch eine lebhafte Industrie- und Handelsstadt, wirtschaftliches Zentrum eines großen Einzugsgebietes, das nicht nur die ganze Bukowina, sondern auch Nordbessarabien und den nördlichen Teil der Moldau umfasste. Man las viel, nicht nur Zeitungen, Zeitschriften, Sekundärliteratur und Unterhaltungslektüre, sondern gute, beste Literatur. Man diskutierte mit Feuereifer, musizierte und sang. Das Stadttheater war immer gut besucht, bei Gastspielen ausverkauft. Ein beträchtlicher Teil der Jugend, geistig aufgeschlossen, war von unersättlicher Wissbegier. Das zentrale Interesse vieler Intellektueller galt nicht dem ehrgeizigen Planen einer einträglichen Karriere, nicht einem technisch höheren Lebensstandard, es ging ihnen vielmehr um erkenntnisreiche Einsichten, sei es auf Wegen der Wissenschaft, Philosophie, Politik oder durch das Erlebnis von Mystik, Kunst, Dichtung und Musik. Ein Teil der intellektuellen Jugend war politisch engagiert – es war kein ›Salon‹-Engagement. Diese jungen Menschen brachten die schwersten Opfer, wurden in den Kerker geworfen, misshandelt und von der Polizei auf grauenvolle Weise gefoltert, ohne über und gegen ihre Genossen etwas auszusagen. Ein anderer Teil der Jugend war musisch interessiert. Trafen sich Freunde, geriet man in leidenschaftliches Diskutieren über philosophische, literarische, künstlerische Themen und Probleme – bis in die Morgenstunden. Oder man kam gesellig zusammen, sang deutsche und anderssprachige Volkslieder, ebenfalls bis in die Morgenstunden. Die Jugend hatte Zeit oder nahm sich Zeit – Studium und die berufliche Arbeit waren Nebensache, eine peinliche Notwendigkeit.

So entstand beim intellektuell orientierten Teil der Bevölkerung ein auch in der Vorkriegszeit ungewöhnlicher Lebensstil: Weltfremdheit und Nichtbeachtung der umdüsterten Realität als Ausdruck des Lebens in einer als ›wesentlicheren Wirklichkeit‹ empfundenen Welt der Ideen und Ideale. Bildhauer, Maler, Musiker, Dichter lebten, wenn sie keinem anderen Beruf nachgingen, von der Bewunderung ihrer Freunde und Mitbürger, die ihre Werke kauften, ihre Konzerte und Lesungen besuchten. Man empfand es als Pflicht, Künstler und Dichter zu unterstützen und zu fördern. Man schätzte nicht nur, was durch Verlage bekannt gemacht, durch hohe Auflagen berühmt geworden war: es war der ernste Respekt vor dem Schaffenden und seinen Werken, noch ehe sie veröffentlicht wurden. Als der großartige jiddische Fabeldichter Elieser Steinbarg starb, dessen Fabeln erst nach seinem Tode erschienen (sie sind nur teilweise und mangelhaft ins Deutsche übersetzt – Paul Celan sagte mir, er wage sich nicht als Übersetzer an Steinbarg heran), war die

Trauer grenzenlos. Tausende bildeten eine geschlossene Kette und man ging Hand in Hand den meilenlangen Weg zum Friedhof. Nicht die Witwe brach bei der Beerdigung zusammen: Steinbargs Freunde, bekannte jiddische Schriftsteller, Männer reifen Alters, konnten ihre Trauerreden nicht beenden und brachen in Tränen aus.

Czernowitz war eine Stadt von Schwärmern und Anhängern. Es ging ihnen, mit Schopenhauers Worten, ›um das Interesse des Denkens, nicht um das Denken des Interesses‹. Die orthodoxen Juden waren Anhänger, ›Chassidim‹ des einen oder anderen ›heiligen‹ Rabbi. Die Dinge der praktischen Lebensfürsorge waren ihnen unwichtig. Viele von ihnen hatten keinen Beruf, sie wurden von ihren Frauen unterhalten, die stolz darauf waren, einen ›Gelehrten‹ zum Mann zu haben, sie ›lernten‹ ein Leben lang aus den ›heiligen Büchern‹ und lauschten beseligt den weisen Worten ihres Rabbis. Die assimilierten Juden und die gebildeten Deutschen, Ukrainer, Rumänen waren ebenfalls Anhänger: von Philosophen, politischen Denkern, Dichtern, Künstlern, Komponisten oder Mystikern. Karl Kraus hatte in Czernowitz eine große Gemeinde von Bewunderern; man begegnete ihnen, die *Fackel* in der Hand, in den Straßen, Parks, Wäldern und an den Ufern des Pruth. Ein glühender Krausianer, nach dem letzten Krieg Universitätsdozent in New York, zeigte mir einmal ein Heft der *Fackel* mit den Worten: ›Sehen Sie sich das an, ist das K nicht der schönste Buchstabe im Alphabet?‹ – und er meinte es nicht als Scherz. Eine große Schar bekannte sich zur Lehre des bedeutenden Berliner Philosophen Constantin Brunner, der erst jetzt durch Übersetzungen ins Englische und Französische bekannt zu werden beginnt. In keiner anderen Stadt, auch nicht in seinem Berlin, hatte Brunner so viele ergebene Anhänger wie in Czernowitz. – Hier gab es: Schopenhauerianer, Nietzscheanbeter, Spinozisten, Kantianer, Marxisten, Freudianer. Man schwärmte für Hölderlin, Rilke, Stefan George, Trakl, Else Lasker-Schüler, Thomas Mann, Hesse, Gottfried Benn, Bertold Brecht. Man verschlang die klassischen und modernen Werke der fremdsprachigen, insbesondere der französischen, russischen, englischen und amerikanischen Literatur. Jeder Jünger war von der Mission seines Meisters durchdrungen. Man huldigte selbstlos und mit vehementer Begeisterung. Begeisterung: ein Wort, das die moderne Kritik als Pathos oder Sentimentalität ablehnt. In jener Atmosphäre war ein geistig interessierter Mensch geradezu gezwungen, sich mit philosophischen, politischen, literarischen oder Kunstproblemen auseinanderzusetzen oder sich auf einem dieser Gebiete selbst zu betätigen. – Eine versunkene Stadt. Eine versunkene Welt.«

**Bukowina II**

Landschaft die mich
erfand

wasserarmig
waldhaarig
die Heidelbeerhügel
honigschwarz

Viersprachig verbrüderte
Lieder
in entzweiter Zeit

Aufgelöst
strömen die Jahre
ans verflossene Ufer

Festzuhalten ist, Czernowitz war eine Stadt, die durch eine Vielfalt von Ethnien und Religionen geprägt war. In ihr lebten Ukrainer, Deutsche, Juden, Rumänen, Polen, Ungarn, Russen und Armenier. Juden wurden bis 1910 nicht als eine Volksgruppe erfasst; sie wurden bis dahin über die Religion definiert. Die vertretenen Religionen umfassten Juden, Katholiken, Griechisch-Orthodoxe, Russisch-Orthodoxe, Armenische Christen, Kopten, Protestanten und wenige Muslime. Alle

Völker hatten ihre Sprache und Kultur mitgebracht und sprachen und lebten diese. Es war ein friedliches Nebeneinander. Nur selten kam es zu einer Vermischung der Volksgruppen; von einem wirklichen Miteinander kann man daher nicht sprechen. Eine wesentliche Voraussetzung für das friedliche Zusammenleben war die Tatsache, dass keine der Volksgruppen eine Mehrheit stellte. Alle waren Minderheiten! Auch wenn Juden immer mindestens ein Drittel der Einwohner stellten. Nur der Kompromiss bot die Möglichkeit zur Veränderung. Die Bürgermeister, die von verschiedenen Ethnien gestellt wurden, waren alle Meister des Kompromisses.
Das friedliche Nebeneinander ging nach dem Ersten Weltkrieg und der Ende 1918 erfolgten Annexion der Bukowina durch den rumänischen Nationalstaat Schritt für Schritt verloren. Die öffentliche Sprache wurde Rumänisch, es folgten massive Eingriffe in das soziale Gefüge zugunsten der rumänischen Einwohner, zum Nachteil der anderen Ethnien. Ab Mitte der 1930er Jahre war die rumänische Politik auf die Entrechtung und Vertreibung der Nichtrumänen ausgerichtet, was in der Zeit von 1941 bis 1944 gelang. Danach besetzte die Sowjetunion die nördliche Bukowina mit der Stadt Czernowitz und gliederte dieses Gebiet der Sowjetrepublik Ukraine ein. Heute gehört Czernowitz zur Republik Ukraine und ist deren west-

lichste Stadt. Und dieses durchaus im doppelten Sinn: zum einen von ihrer geografischen Lage her und zum anderen von der Mentalität ihrer Einwohner.
Rose Ausländer und Paul Celan muss als Verdienst zugeschrieben werden, dass es beider Werk und davon hergeleitet das Interesse an beider Biografie war, die die Aufmerksamkeit einer literarisch gebildeten Öffentlichkeit erneut auf die vielethnische, vielkulturelle, vielsprachige und vielkonfessionelle Stadt Czernowitz lenkte, die nach dem Zweiten Weltkrieg aus der Erinnerung der Menschen im Westen gefallen und damit untergegangen – »der Geschichtslosigkeit anheimgefallen […]« – war.
So ist heute Czernowitz zum einen ein viel genannter und bekannter literarischer Topos geworden und darüber hinaus Jahr für Jahr Ziel einiger Tausend Reisender, die sich aufmachen, die jüdische, die literarische, die »k.u.k.«-Stadt von einst zu besuchen und zu suchen. Sie finden die steinernen Zeugen, die Aura und die Menschen von damals jedoch nicht mehr. Und doch dokumentieren eine Vielzahl von Artikeln, von Büchern, Radiosendungen und Filmen die Stadt und ihre Geschichte und machen sie zur bekanntesten Literaturstadt im deutschen Sprachraum.
Ohne die anderen in dieser Stadt geborenen, dort oder in der Diaspora wirkenden Literaten und ohne ihre Texte abzuwerten, muss festgehalten werden,

dass ohne das Werk Rose Ausländers und Paul Celans, welches beide geschrieben haben, nachdem sie die Stadt, ihre Heimat, verlassen mussten, die heutige Literaturstadt Czernowitz nur eine Randnotiz der Literaturgeschichte geblieben wäre.
Rose Ausländer hat ihre Kindheit und einen Teil ihrer Jugendjahre dort erlebt. Sie bezeichnete diese Zeit in der Rückschau als die glücklichsten Jahre ihres Lebens. Dies unterscheidet sie nicht von den meisten Menschen, die ihr Leben erinnern. Kindheit und Jugend werden fast immer als die glücklichste Lebenszeit eingestuft. Von daher wird auch oft die Region, in der diese Zeit erlebt wurde, lebenslang als Heimat gesehen. Dies hat sich trotz Informationsflut, Mobilisierung oder gar Globalisierung nicht wesentlich geändert. Der Rückzug auf das Überschaubare, Bekannte und Gekannte ist häufig die einzige Möglichkeit, sich in einer rasend schnell verändernden Welt eines ausreichenden Lebenshaltes zu versichern. Rose Ausländer schrieb: »Heimatstadt // Eine goldene Kette / fesselt mich / an meine urliebe Stadt // wo die Sonne aufgeht / wo sie untergegangen ist // für mich.«

*Winona/USA 1922*

## Rose Ausländers Verhältnis zur Mutter Kathi Scherzer

### Meine Nachtigall

Meine Mutter war einmal ein Reh
Die goldbraunen Augen
die Anmut
blieben ihr aus der Rehzeit

Hier war sie
halb Engel halb Mensch –
die Mitte war Mutter

Als ich sie fragte was sie gern geworden wäre
sagte sie: eine Nachtigall

Jetzt ist sie eine Nachtigall
Nacht um Nacht höre ich sie
im Garten meines schlaflosen Traumes
Sie singt das Zion der Ahnen
sie singt das alte Österreich
sie singt die Berge und Buchenwälder
der Bukowina
Wiegenlieder
singt mir Nacht um Nacht

meine Nachtigall
im Garten meines schlaflosen Traumes

Das Lied der Nachtigall

Im Januar 1901 stirbt in Czernowitz ein kleiner Junge. Nur achtzehn Monate alt, wird er von einem schweren Pferdefuhrwerk überrollt. Als es geschieht, ist die Mutter – Kathy Scherzer – wieder schwanger. Vier Monate später wird als »Ersatzkind« für den verlorenen Sohn das Mädchen Rosalie Beatrice Ruth Scherzer geboren. Wir wissen, eine solche Konstellation ist eine große, meist übergroße Belastung für eine Mutter-Tochter-Beziehung.

In der Traumaforschung ist es gesicherte Erkenntnis, dass das Trauma, welches eine schwangere Mutter durch den Tod eines ihrer Kinder erleidet, von ihr an das noch ungeborene Kind in ihrem Leib weitergegeben wird. Die Tochter Rosalie Scherzer wurde also bereits mit einer traumatischen Vorschädigung geboren.

Fünf Jahre später bringt die Mutter wieder einen Sohn zur Welt. Ihm wendet sie nun, als sei er der legitime Nachfolger des verlorenen Sohns, als sei das Mädchen nur Statthalter gewesen, ihre besondere Fürsorge zu. Rosalie fällt aus der Mutterliebe heraus. Nicht, dass die Mutter die Tochter vernachlässigt, das

Mädchen leidet keinen Mangel. Auch ist es die Mutter, die in ihr die Liebe zur Literatur, das Interesse an der Philosophie weckt. Aber liebevolle, ja zärtliche Briefe, wie der Vater sie an die Tochter, »Das hochwohlgeborene Fräulein Rosalie Beatrice Scherzer« schreibt, kennen wir von der Mutter nicht. Gelegenheit hätte es gegeben, gehört doch die Tochter zu den »Nomaden« des letzten Jahrhunderts, die aus der Bahn geworfen, häufig ihre Aufenthaltsorte wechseln, wechseln müssen. Und Fotos wie von Mutter und Sohn, kurz nach dem Tod des Vaters aufgenommen, das Gesicht der Kathi Scherzer von Trauer gezeichnet, der Sohn mit großen, sanften Augen, die Wange an ihre Schulter geschmiegt, existieren von Mutter und Tochter nicht. Es scheint, als sei nach der Geburt des zweiten Sohnes nie mehr ein »offizielles« Foto von Mutter und Tochter gemacht worden.

1920, nach dem frühen Tode des Vaters, drängt die Mutter ihre Tochter, die heftig um den Vater trauert, zur Auswanderung in die USA. Sicher gab es gute, materielle Gründe dafür, auch kann eine Konkurrenz in der Trauer bestanden haben. Aber die Tochter empfand dieses Drängen als ein Verstoßenwerden. Nicht, dass die Mutter dies beabsichtigte, die Tochter jedoch konnte diese Vorstellung nicht abwehren. Mit dem Erwachsenwerden nabelt sich eine Tochter von der Mutter ab. Das geschieht fast immer über einen mehrjährigen Zeitraum. Rose Ausländer, geborene Scherzer, war dieser Prozess nicht vergönnt. Weil die Abnabelung nicht in solcher Entwicklung, sondern letztendlich nie stattgefunden hat, bleibt die Tochter lebenslang mutterfixiert.

Sie reagiert und überreagiert, leidet an der Fremde, beschwört in immer neuen Gedichten eine intensive Mutterliebe, die sie so niemals erfahren hat und ist künftig immer für die Mutter da, wenn diese ruft. Selbst dann, wenn sie Ende 1939 aus der Sicherheit New Yorks zur Pflege der kranken Mutter von dieser in die Kriegs- und Shoahzeit in Czernowitz gerufen wird.

»Meine Nachtigall« ist eines der vielen Muttergedichte, die Rose Ausländer geschrieben hat. Geschrieben in den Jahren zwischen 1957 und 1963, nach dem stilistischen Wandel und der Rückkehr in die deutsche Sprache, in der wohl produktivsten Zeit der Dichterin.

Drei ungleich lange Strophen, zwanzig Verse.

Die Mutter wird mit einem Reh verglichen. Ihre Anmut und ihre goldbraunen Augen verleiten dazu. Die Mitte – der Mittelpunkt der Familie, der Mittelpunkt der Heimat, der die Bukowina erst zur Heimat machte – war Mutter. Die Fixierung der Tochter wird offensichtlich, die Verklärung der Mutter – halb Engel, halb Mensch – zeigt sich.

Auf Befragen nennt die Mutter ihre Wunschexistenz: eine Nachtigall wäre sie gerne. Die Nachtigall, die ihr betörendes Lied nur zur Nachtzeit singt – so behaupten es zumindest die Dichter – ist seit Shakespeare bekannt als der Vogel der heimlich Liebenden. Solange die Nachtigall singt, ist noch Zeit für solche Liebe, die, warum auch immer, das Licht des Tages, das Bekennen fürchten muss.

Aus allem, was im Gedicht aufscheint: der Glauben an einen Kosmos, in dem jeder Tod Wiedergeburt bedeutet; die Zugehörigkeit zum Volk der Juden; das Leben im alten Österreich; die Heimat in der Bukowina, ist erkennbar, dass »meine Mutter« die leibliche Mutter der Dichterin ist. Das Ich, welches in diesem Gedicht die Nachtigallmutter beschwört, ist Rose Ausländer selbst.

Die dritte, ungleich längste Strophe des Gedichts, macht den Wohlklang des Nachtigallenliedes hörbar: Die Nachtigall singt das Zion der Ahnen; singt von der Geborgenheit in der hohen Kultur eines alten Volkes. Sie singt das alte Österreich; singt von der Geborgenheit, die ein Staat bot, der seinen Juden Bürgerrechte einräumte. Sie singt die Berge und Buchenwälder der Bukowina; singt von der Geborgenheit, die Heimat gewährt. Wiegenlieder singt mir meine Nachtigall; singt vom Höchstmaß an Geborgenheit, die ein Mensch erleben kann, Kind zu sein in mütterlicher Geborgenheit.

Äußerlich, im Gedicht geborgen, wird dieses vierfache Lied durch die Bestimmung des Ortes des Gesanges: »im Garten meines schlaflosen Traumes«. Diese Ortsbestimmung leitet das Nachtigallenlied ein und beendet es auch, wie eine Umfriedung, die Schutz bieten soll. Der Garten ist der natürliche Lebensraum der Nachtigall. Das Lied wird von der Dichterin nicht schlafend im Traum gehört. Es ist kein Erinnern, welches aus – möglicherweise weit – zurückliegender Erfahrung aufbricht: es ist ein Traum ohne Schlaf, ein Wachtraum, ein Wunschtraum. Dieser Wunschtraum wird erst nach dem Tod der Mutter – »jetzt ist sie eine Nachtigall« – geträumt und er wiederholt sich oft, sehr oft – »Nacht um Nacht singt mir meine Nachtigall«. Die Dichterin nimmt diesen Zustand an, bekennt sich dazu. Heißt es noch zu Beginn der dritten Strophe »Jetzt ist sie eine Nachtigall«, so steht an deren Ende »meine Nachtigall«.
Das Gedicht folgt keinen metrischen Gesetzen, und doch ist es streng gebaut. Form und Inhalt bilden eine Einheit. Das Vergangene, am weitesten Entfernte, von der Dichterin nicht selbst Erlebte, die Rehzeit, steht am Anfang: Eine Strophe, vier Verse. Die zweite Strophe, fünf Verse, teilweise ungleich länger, sind dem Erleben mit der Mutter gewidmet. Die dritte Strophe beschäftigt sich mit der Gegenwart und hält zeitgleich in ihren Aussagen die Zukunft fest. In der Abfolge des

Nachtigallenliedes baut sich eine Spannung auf, die zu dem einen Vers, zu dem in einem Wort gipfelnden Höhepunkt »Wiegenlieder« führt. In diesem Wort kulminiert die mütterliche Geborgenheit, hier kippt das Gedicht wie über eine Klippe, entsteht ein unaufhaltsamer Sog von strudelnden Worten, die sich in Umkehrung der Einstiegsverse in den Garten des Gedichts ergießen und ausströmend zur Ruhe kommen. Es herrscht Friede.

Als die Mutter stirbt, ist die Tochter nicht an ihrem Sterbebett. Niemals steht sie an ihrem Grab. Nie mehr kann die Tochter sich in das Land begeben, wo die Mutter starb – zu bedrängend ist das Erinnern der Shoah. Das Versäumen des Todes der Mutter hält bei der Tochter die extreme Mutterbindung auch über den Tod aufrecht. Lebenslänglich.

Die Poesie verdankt dieser belastenden Konstellation eines der schönsten Muttergedichte überhaupt.

*Ehepaar Rosa und Ignaz Ausländer im Central Park, New York 1923*

## Die Gedichte zum Judentum

Rose Ausländers Mutter ist Jüdin. Damit ist auch sie Jüdin. Die Familie der Mutter kam aus Berlin. Das Ostjudentum bleibt Kathi Scherzer fremd; sie ist in der deutschen Sprache und deutschen Kultur verwurzelt. Der Vater, Sigmund Scherzer, wurde im Chassidismus groß. Er studierte am Hof des Wunderrabbis von Sadagora: »seine Ohrlocken läuteten Legenden.« Er sollte chassidischer Gelehrter werden. Der Siebzehnjährige löste sich jedoch aus Sadagora, ging in die weltliche Stadt Czernowitz. Er lebte dort zunächst als Buchhalter, später als Prokurist einer Import- und Exportfirma und führte ein liberales jüdisches Haus. Die jüdische Religion, die Riten und Gebräuche sind dem Mädchen Rosalie Beatrice Ruth Scherzer wohl vertraut. Der Sabbat und die jüdischen Feiertage werden in der Familie Scherzer begangen. Der Vater lässt die deutschsprachige Rosalie bei einem Privatlehrer Jiddisch, ja sogar Hebräisch lernen. Dies war höchst ungewöhnlich: die heilige Sprache des Tempels zu lernen, wurde Frauen im Ostjudentum üblicherweise verwehrt. Sigmund Scherzer aber wollte, dass seine Tochter ihre jiddischen Wurzeln kennenlernte und er wollte nicht, dass sie darauf angewiesen war, dass Männer ihr die heiligen Schriften vorlasen und auslegten.

## Jom Kipur

Getröstet
vom Wort Versöhnung

in deiner Arche aus Angst
sieh dein Spiegelbild
in der Sintflut
vergangenen Jahres

Heute
darfst du dich sattfasten
deine Tränen trinken

Versiegelt
wird heute
der Schicksalsbrief

Du wirst ihn lesen
den bittern den süßen
Tag für Tag

Bis zum
nächsten Jom Kipur
oder bis
du die Augen schließt
für immer
Morgen
regnet es wieder

Natürlich scheint das religiöse Judentum in vielen Gedichten der Rose Ausländer auf. Sie deshalb als »jüdische« Dichterin einzuordnen, ist jedoch falsch. Dass sie zunächst ausschließlich als Dichterin der Shoah – wobei Shoah und Judentum gleichgesetzt waren – wahrgenommen wurde, macht sie nicht zur jüdischen Dichterin, selbst dann nicht, wenn ihr ganzes Werk, welches sie nach der Shoah schreibt, durch dieses Leid und dieses traumatische Erleben geprägt ist, gleichgültig, ob sie unmittelbar dazu schreibt oder das Erleben als Metatext in allen Gedichten mitgelesen werden muss.
Die Spiegelung der jüdischen Religion in ihren Gedichten kann als Erinnerung an die Kinder- und Jugendzeit in Czernowitz gesehen werden. Die Erfahrungen und Kenntnisse dieser Jahre sind unauslöschlich und scheinen immer wieder auf; besonders in Texten, welche die Lebenszeit in der Bukowina beschreiben.

**Sadagorer Chassid**

Achtzigjähriger Greis
Sein Bart betete weiß
auf der Brust

Auf seinem Kaftan
erholten sich Engel
von der Anstrengung weltlicher Flüge
Die Sabbatkrone
das Stramel
war sein einziger Schmuck

Die Lider gesenkt
sein Blick von Schleiern umsponnen
wohnte im Bethaus

Montag und Donnerstag Fasten
leicht sei der Leib
seine Speise: Preisen
Sichwiegen im Rhythmus der
Bibelgebete und anderer
heiliger Worte

Wenig Worte –
die Scheinwelt sei nicht besprochen
nicht betastet mit fettem Interesse
Erscheinungen sind Schemen
dem Wesen (nicht ausgesprochen der Name)
diene dein Geist

In der doppelt gerollten Thora
liegen Licht und Lied

spricht die Geschichte des Volks
Sieh die Geliebte:
im goldgestickten Samtgewand und
krönendem Kopfschmuck
dürfen deine Lippen sie küssen
darfst du sie halten im Arm

und tanzen mit ihr tanzen
zur Ehre des Herrn

Tanzte der Sadagorer Chassid
mit den anderen Chassidim

Im Frühsommer 1919 gehört Rose Ausländer zu den Gründungsmitgliedern einer Studiengruppe in Czernowitz, die später als »Ethisches Seminar« bezeichnet wird. Wöchentlich treffen sich unter Leitung des Mittelschullehrers Dr. Friedrich Kettner junge Menschen, insbesondere Schüler und Studenten, um sich intensiv mit den Lehren Platons, Spinozas und besonders mit den Lehren des damals in Potsdam lebenden Philosophen Constantin Brunner zu befassen. Das Interesse der jungen Dichterin an Philosophie ist so groß, dass sie sich als Gasthörerin an der Franz-Josef-Universität in Czernowitz einschreibt und zwei Semester lang Vorlesungen und Seminare besucht. Als Seminararbeit verfasst sie zu Platons »Phaidros« ein beachtliches Referat, welches auch publiziert wird. So wie ihr Interesse an und ihre Liebe zur Philosophie größer werden, nimmt für sie die Bedeutung der jüdischen Religion ab. Schließlich trennt sie sich ganz von der Religion ihrer Vorfahren und setzt an deren Stelle die Philosophie Spinozas und Brunners, der sie ihr ganzes Leben lang treu bleibt.

**Spinoza II**

Mein Heiliger
heißt Benedikt

Er hat
das Weltall
klargeschliffen

Unendlicher Kristall
aus dessen Herz
das Licht dringt

*Rose Ausländer und ihr Bruder Max Scherzer 1939 in Bukarest*

Ihre Zugehörigkeit zum Volk der Juden hat die Dichterin nie in Frage gestellt. Dies war so selbstverständlich, dass sie es in ihrem Werk bis zur Shoah 1941 nicht reflektierte. Dann vollzog sich eine klare Wandlung zu einem einerseits erzwungenen, andererseits solidarischen Bekennen zu ihrem Volk der entrechteten, verfolgten, ermordeten Juden. Und als nach der Befreiung in Czernowitz und dem Ende des Zweiten Weltkrieges das ganze Ausmaß der Vernichtung jüdischer Menschen in Europa bekannt wird, als klar wird, dass die Überlebenden erneut über die ganze Welt zerstreut sind, manifestiert sie ihr Bekenntnis zum Judentum in Gedichten.

**Jerusalem**

Wenn ich den blauweißen Schal
nach Osten hänge
schwingt Jerusalem herüber zu mir
mit Tempel und Hohelied

Ich bin fünftausend Jahre jung

Mein Schal
ist eine Schaukel

Wenn ich die Augen nach Osten
schließe
schwingt Jerusalem auf dem Hügel
fünftausend Jahre jung
herüber zu mir
im Orangenaroma

Altersgenossen
wir haben ein Spiel
in der Luft

Das Gedicht »Jerusalem« wurde in der ersten Fassung von Rose Ausländer im Jahr 1953 geschrieben. Sie schrieb es in englischer Sprache. Seit September 1946 lebte die Poetin wieder in New York. Englisch beherrschte sie perfekt, da sie sich bereits von 1921 bis 1926 und von 1928 bis 1930 in den USA aufgehalten hatte. Seit 1948 war Englisch ihre Dichtersprache.
Bis 1957 entstehen sechs englische Fassungen des Gedichtes. Dann kehrt Rose Ausländer, bestärkt durch die berühmte amerikanische Dichterin Marianne Moore, zurück in ihre deutsche Dichtersprache. Die fast 250 englischen Gedichte bleiben in einer Mappe liegen.
1965 nahm Rose Ausländer die Arbeit an dem Gedicht »Jerusalem« wieder auf und übertrug es in die deutsche Sprache, dabei entstand wieder eine neue Fas-

sung. Es fällt auf, wie präzise die Dichterin arbeitet. Alle englischen Fassungen beginnen mit dem Vers »I have never been in Jerusalem« (Ich war niemals in Jerusalem). 1964 jedoch hatte die Poetin Israel vierzehn Tage lang bereist und dabei auch Jerusalem besucht. Deshalb streicht sie bei der Übertragung des Textes 1965 diesen Vers. In den folgenden Jahren entstehen sieben weitere Gedichtfassungen, bis um 1974 die oben gedruckte Fassung als endgültiges Gedicht von der Autorin akzeptiert wird. Dies entspricht ihrer üblichen Arbeitsweise. Unter ihren 25 000 Seiten nachgelassener Manuskripte und Typoskripte finden sich von den Gedichten bis zu 20 Fassungen; die schöpferische Arbeit hat gelegentlich 25 Jahre betragen. 1976 erscheint der Erstdruck in dem Band »Gesammelte Gedichte«.

1977 veröffentlicht die *Frankfurter Anthologie* der FAZ eine Interpretation des Gedichtes »Jerusalem«, die der Schriftsteller Horst Krüger schrieb. Er notierte:

»Ein Spiel in der Luft

Daß auch nach Auschwitz Gedichte möglich waren, ist heute bekannt. Jüdisches Schicksal, so unsagbar es war, ist gleichwohl dem großen lyrischen Zugriff nie ganz entzogen gewesen. Da und dort ist es sagbar geworden. Die deutsche Nachkriegslyrik, von Celan bis Hilde Domin heute, hat es immer wieder bewiesen.

Von allen Gedichten, die in unserer Zeit jüdische Existenz behandeln, scheint mir dieses hier, ich sage nicht: das tiefste, wohl aber: das schönste und kunstvollste, das ich kenne. So leicht und schwebend, so klaglos vollendet zur ätherischen Sprachgebärde hat noch kein Gedicht Jerusalem, das fünftausendjährige Motiv des jüdischen Volkes, in Verse gefasst. Da schwappt nichts über, da hängt nichts herab an zusätzlicher Trauer.

Was ist Kunst? Ich vermute: nicht Tiefsinn und raunendes Geheimnis. Kunst ist Spiel. Die wahren Künstler sind die Akrobaten, die glitzernden Artisten, in der Zirkuskuppel schwebend, die Ballerinen, die die absurdesten Figuren in bestürzender Leichtigkeit tanzen können. Kleist schon hat uns gesagt, daß die Marionette wahrscheinlich die vollendetste Kunstfigur sei, und etwas von dieser zweiten, artistischen Leichtigkeit, die ganz zum Schluss kommt, macht mir dieses Gedicht so wertvoll und originell. Es ist kein Tanz über Abgründen. Der Abgrund selber ist hier zum Tanz der Sprache geworden.

Rose Ausländer, der Name ist schon wie ein Omen, gehört heute mit Sicherheit zu den bedeutendsten Lyrikerinnen deutscher Sprache. Ein Leben lang fast unbeachtet, ist sie in den letzten Jahrzehnten bekannt, aber nie berühmt geworden. Das besondere ihrer Lyrik, die nie umfangreich, aber poetisch genau war, ist, daß sie sich nie festlief in dunkler Trauer wie die Lyrik Celans oder die der Nelly Sachs. ›Hinter der Tränenwand / die Phönixzeit / brennt‹, heißt es in einem anderen Gedicht zum selben Thema. Verwandlung und neue Gestalt ist also ihr Thema.

›Mein Schal ist meine Schaukel‹ – ich meine, es gehört Souveränität, hoher Kunstverstand, auch einsame Tapferkeit dazu, ein Gedicht in deutscher Sprache nach Auschwitz über Jerusalem so auszubalancieren, ohne daß auch nur ein Hauch von Kunstgewerblichkeit spürbar würde. Das Gedicht ist von der ersten bis zur letzten Zeile durchweht von Luft, von der schwingenden Gebärde eines Flügelschlags, der Raum und Zeit mühelos durchmisst und sich aneignet: ›Wenn ich die Augen nach Osten / schließe / schwingt Jerusalem auf dem Hügel / fünftausend Jahre jung / herüber zu mir / im Orangenaroma.‹ Es wird nichts symbolhaft, nichts dunkel vieldeutig. Hohe Artistik zieht ihre Schleifen, wie alle vollendete Kunst scheinbar ganz schwere- und mühelos. Nichts muß hier zusätzlich entschlüsselt werden.

Oder doch? Was besagen diese letzten drei Zeilen, die wie von selbst ausklingen und doch merkwürdig rätselhaft bleiben: ›Altersgenossen / wir haben ein Spiel / in der Luft‹? Ich bin nicht sicher, aber ich vermute: Jerusalem ist da. Es ist zu hören in der Luft, zu schmecken ›im Orangenaroma‹. Es ist aber auch (das Wort

›Altersgenossen‹ legt es nahe) damit zugleich das Spiel um Leben und Tod gemeint, das weitergeht, nicht nur für den Staat Israel. Es ist ein Spiel um Leben und Tod im Dasein eines jeden Juden, noch immer. Es ist ein Spiel, das ganz aus der Ferne sogar noch die Töne der ›Todesfuge‹ von Celan hören macht.

Aber wie zart, wie scheu, in wieviel lyrischer Diskretion ist so Ungeheuerliches hier eingemischt. Tod und Leben sind ins Schweben gebracht.«

Horst Krüger gelingt eine gute, elegante Deutung, auch wenn der Interpretierende letztendlich an der Frage nach den Altersgenossen scheitert. Aber es ist ein gutes Scheitern, denn sehr wohl ist allen Gedichten der Rose Ausländer, die nach der Shoah entstanden, das heillose Geschehen eingeschrieben. Ein Text, der immer mitgelesen werden muss. Zumal in einem Gedicht, das Jerusalem als Ort anspricht, dem Ziel aller Juden, die dies mit dem Wunsch des Treffens »nächstes Jahr in Jerusalem« ausgesprochen haben und für die vielen, die auf dem Weg dorthin in der Shoah zugrunde gingen.

Alles, was wir aus der Biografie von Rose Ausländer wissen, bestätigt, dass das lyrische Ich dieses Gedichtes mit der Dichterin identisch ist. Sie wählt einen blauweißen Schal. Blau und Weiß sind die Nationalfarben Israels. Die Dichterin bringt damit ihre Verbundenheit mit dem Staat der Juden und seinen Menschen zum Ausdruck. Sie tut dies nicht im Verborgenen, sie hängt den Schal wie eine Schaukel auf. Von New York aus gesehen, ihrem Aufenthaltsort zur Zeit der Entstehung des Gedichtes, liegt Jerusalem im Osten. Ex Oriente Lux – aus dem Osten kommt das Licht. Eine Schaukel schwingt aus und schwingt zurück. Jerusalem schwingt zur Dichterin und schwingt zurück. Aber bei jedem Herschwingen bringt das imaginäre Jerusalem etwas mit: Den Tempel, das steinerne Zeugnis, als zentralen Ort jüdischer Identität; das Hohe Lied, das gesprochene Zeugnis, das erhabenste Liebesgedicht aller Zeiten. Und bei geschlossenen Augen – das schärft den Geruchssinn – das Orangenaroma, welches die reifen Früchte in den Gärten um Jerusalem verströmen.

Die Dichterin spricht von einem fünftausendjährigen Jerusalem. Sie bezieht die Zeit vor der Besiedelung durch das Volk Israel mit ein. Die Altersgenossen, die ein Spiel in der Luft – die Schaukel – haben, sind das fünftausendjährige Jerusalem und die fünftausendjährige Dichterin – »Ich bin fünftausend Jahre jung« (nicht alt!). Das junge Jerusalem und die junge Dichterin sind eins. Obwohl sie die jüdische Religion bereits als junge Frau verlassen hat, kann mit dieser Gleichsetzung ihr vorbehaltloses Bekenntnis nicht stärker sein: zum jüdischen Volk, zu seinen Wurzeln, zur Geschichte und zur Tradition der Juden!

*Rose Ausländer, ihr Lebensgefährte Helios Hecht, ihr Freund und Dichter Itzik Manger und der Herausgeber der Zeitung* Der Tag, *Arnold Schwarz. In dieser Zeitung schrieben alle drei.*

Die Dichterin war nie Zionistin. Die Eltern, die sich assimiliert hatten, erzogen die Tochter zwar jüdisch-religiös, aber in der Ausrichtung auf die deutsche (Wiener) Kultur. Brunner redete ebenfalls der Assimilation das Wort. Er verurteilte sowohl den Chassidismus als auch den Zionismus als Irrlehren. Später, als der Staat Israel gegründet war, empfand die amerikanische Jüdin Rose Ausländer viel Sympathie für diesen Staat als »Heimat des Volkes der Juden«. Auch bereiste sie Israel zweimal, aber als persönliche Heimat kam Israel für sie nicht in Frage. Sie wollte »in einem deutschsprachigen Milieu leben«, um absolut gute Gedichte in ihrer Muttersprache zu schreiben.

**Nachher**

Nach der Nullstunde
tauten auf
die gefrorenen Worte

Unser Atem
wurde tiefer

Die alte Sprache
kehrte jung zurück

Unser verwundetes
geheiltes
Deutsch

*Passbild für ein Besuchervisum in die USA 1939*

## Die Shoah-Gedichte

In den dreißiger Jahren des 20. Jahrhunderts wächst der Antisemitismus in der Bukowina – auch in Czernowitz – unaufhaltsam. Nationalsozialistische Volksdeutsche, Mitglieder der »Eisernen Garde« sowie Teile der rumänischen und ukrainischen Landbevölkerung, die sich sozial und wirtschaftlich benachteiligt sehen, tragen zu dieser Entwicklung maßgeblich bei. Rose Ausländer, die seit 1933 in Bukarest lebt, bleibt von den Auswirkungen weitgehend verschont.

Den September und Oktober 1939 verbringt die Dichterin auf Einladung von Freunden in New York. Deutschland überfällt Polen; der Zweite Weltkrieg beginnt. Einige Wochen ist sie in Sicherheit. Dann erreicht sie ein Hilferuf der an Herzasthma erkrankten Mutter. Sie muss abwägen und sich entscheiden: für die Pflege der Mutter oder für ihre persönliche Sicherheit. Sie kann nicht einschätzen, wie groß die Gefahr wird, der sie sich bei einer Rückkehr aussetzt. Dass sie sich damit aber in Gefahr begibt, ist ihr klar. Sie entscheidet sich zurückzukehren, bezieht in Czernowitz wieder die gemeinsame Wohnung, die immer noch in der Dreifaltigkeitsgasse Nr. 12 liegt, und übernimmt die Krankenpflege für die Mutter. Damit sie ihren Lebensunterhalt sicherstellen kann, vermittelt ihr ein befreundeter Arzt eine Stelle als Pflegerin in einer Augenklinik.

### Czernowitz vor dem Zweiten Weltkrieg

Friedliche Hügelstadt
von Buchenwäldern umschlossen

Weiden entlang dem Pruth
Flöße und Schwimmer

Maifliederfülle

Um die Laternen
tanzen Maikäfer
ihren Tod

Vier Sprachen verständigen sich
verwöhnen die Luft

Bis Bomben fielen
atmete glücklich
die Stadt

Am 28. Juni 1940 besetzen sowjetische Truppen Czernowitz und die nördliche Bukowina. Damit beginnt das in der Erinnerung der Czernowitzer so genannte

»erste Russenjahr«, in dem die Menschen erheblicher Drangsal ausgesetzt sind und etwa fünftausend Bürger der Stadt nach Sibirien deportiert werden.
Im Juni 1941 beginnt Deutschland den Krieg gegen die Sowjetunion. Deutschland und Rumänien sind Verbündete. Am 4. Juli 1941 verlassen die sowjetischen Divisionen fluchtartig Czernowitz und ziehen sich weit in die Ukraine zurück. Am nächsten Tag rücken rumänische Truppen ein, es kommt im Umland zu ersten Pogromen. Ein Zug (das sind fünfzig Mann, zwei Feldwebel und ein Offizier) der SD-Einsatzgruppe D, die unter dem Kommando des SS-Brigadeführers und Polizeigenerals Dr. Otto Ohlendorf stand, erreichte am 6. Juli 1941 die Stadt Czernowitz. Noch am selben Tage beginnt die systematische Verfolgung und Ausrottung der jüdischen Bevölkerung. In nur einem Monat werden 3000 Juden ermordet, zumeist durch Erschießungen am Ufer des Pruth. Ein grasüberwucherter Gedenkstein am Ufer des Flusses und ein Massengrab auf dem jüdischen Friedhof der Stadt erinnern heute an die Opfer. Dann zieht die Mördertruppe weiter nach Transnistrien, dem Gebiet zwischen den Flüssen Dnjestr und Bug. Von da an wird die Judenverfolgung in Czernowitz und der Bukowina durch rumänische Gendarmen und Soldaten übernommen. Am 11. Oktober 1941 erklärt der rumänische Gouverneur des Bezirks Czernowitz,

der General Corneliu Calotescu (1889–1970), das alte Judenviertel der Stadt zum Getto. Fast fünfzigtausend Menschen werden dort auf engstem Raum zusammengepfercht. Auch Rose Ausländer ist im Getto gefangen. Ein Großteil der Czernowitzer Juden wird in den folgenden Wochen nach Transnistrien in Vernichtungslager, die Rumänien vorbereitet hatte, deportiert.

**Damit kein Licht uns liebe**

Sie kamen
mit scharfen Fahnen und Pistolen
schossen alle Sterne und den Mond ab
damit kein Licht uns bliebe
damit kein Licht uns liebe

Da begruben wir die Sonne
Es war eine unendliche Sonnenfinsternis

## Transnistrien – Der vergessene Holocaust

Viele Politiker im Nationalstaat Rumänien strebten eine reine – »purifizierte« – Nation an. Im Ausland lebende Rumänen sollten nach Rumänien umgesiedelt werden. Die in Rumänien lebenden Minderheiten – Ukrainer, Juden, Ungarn, Polen, Russen – sollten wiederum in ihre Heimatländer zwangsumgesiedelt werden. Bereits Mitte der 1920er Jahre begann mit breiter Unterstützung der rumänischen Bevölkerung die soziale und wirtschaftliche »Marginalisierung«, insbesondere der in Rumänien lebenden Juden, die sich in den 1930er Jahren immer mehr verschärfte. Einer großen Zahl von Juden wird nun die rumänische Staatsbürgerschaft aberkannt, ihr Vermögen wird eingezogen, sie müssen Geschäfte, Fabriken, Werkstätten und Wohnungen zu Spottpreisen an Rumänen verkaufen. Jüdische Angestellte und Arbeiter verlieren ihre Arbeitsplätze, weil bevorzugt Rumänen eingestellt werden müssen. Die soziale Lage der jüdischen Menschen kann nur als desaströs bezeichnet werden. Wer kann, verlässt Rumänien, flüchtet in das Britische Mandatsgebiet Palästina oder in die USA. Als im Juni 1940 die Sowjetunion die nördliche Bukowina und Bessarabien aufgrund eines Zusatzvertrages zum Hitler-Stalin-Pakt besetzt, verlassen in den folgenden sechs Monaten etwa 150 000 Juden Rumänien und übersiedeln in die annektierten

Gebiete im Glauben, dort Sicherheit und ein wirtschaftliches Auskommen zu finden. Die Rumänen gestatten die Ausreisen, da sie auf diese Weise die nicht gewollten Juden loswerden und deren immobilen Besitz übernehmen können. Seit August 1940 sind Rumänien und Deutschland Verbündete. Die Vorbereitungen für den Krieg gegen die Sowjetunion werden vorangetrieben. Am 22. Juni 1941 beginnt der zunächst erfolgreiche Krieg. Rumänisches Militär unterstützt die deutschen Truppen bei ihrem Vormarsch. Die nördliche Bukowina und Bessarabien fallen fast kampflos an Rumänien zurück. In Transnistrien, dem Land zwischen den Flüssen Dnjestr und Bug, das im Süden bis zum Schwarzen Meer und Odessa reicht und im Norden bis Sargorod, wird heftig gekämpft. Monatelang verteidigen sowjetische Truppen Odessa gegen die rumänische Belagerung. Nachdem Transnistrien erobert ist, geht dieses Land an Rumänien zur Verwaltung über. Die in Transnistrien lebenden Juden werden von deutschen Wehrmachtseinheiten, von SS- und SD-Verbänden, von deutschen Volksmilizen und von rumänischen Truppen systematisch ausgerottet. Fundierte Schätzungen gehen von bis zu 200 000 Ermordeten aus.

In das »judenfreie« Gebiet deportieren rumänische Gendarmen und Soldaten von September bis Dezember 1941 250 000 Juden aus der Bukowina und aus

Bessarabien. Etwa 50 000 Deportierte sterben bereits auf den Transporten. Die Überlebenden pfercht man in Gettos und Lager. Dies kann ein leerer Schweinestall sein, eine zerstörte Fabrik, ein Steinbruch oder eingezäunte Teile der stark zerstörten Stadt Moghilev-Podolski am östlichen Ufer des Dnjestr, in die 50 000 Menschen hineingetrieben werden. Die Deportierten werden nicht mit Nahrung, Kleidung oder Medikamenten versorgt. Sie sterben im eisig kalten Winter 1941/42; sie verhungern, erfrieren, sterben an Cholera und Typhus. Dies waren die rumänischen Mordvarianten. Wer dank glücklicher Fügungen den Winter übersteht, zum Beispiel, weil er Tauschbares während der Deportation gerettet hat – Schmuck oder Geld gegen Lebensmittel – oder weil er im Getto Arbeit findet – der Ingenieur Jägendorf richtet mit 2 500 Arbeitskräften ein Elektrizitäts- und ein Stahlwerk in Moghilev wieder her und betreibt es mit Gewinn für den Lagerkommandanten –, hat Überlebenschancen. Nach der Kapitulation der 6. Deutschen Armee in Stalingrad Anfang 1943 drohen die Alliierten auf diplomatischem Wege der rumänischen Regierung mit drastischen Folgen nach der zu erwartenden Niederlage des Deutschen Reiches, wenn die Deportationen nicht eingestellt werden. Daraufhin stellen die Rumänen die Deportationen ein und lassen die Versorgung der Juden in Transnistrien durch internationale jüdi-

sche Hilfsorganisationen zu. Als eine Delegation des Internationalen Roten Kreuzes im Dezember 1943 die Lager in Transnistrien besucht, lebt nur noch ein Drittel der deportierten Juden.
Im März 1944 erobert die Rote Armee Transnistrien und rückt nach Bessarabien und in die Nordbukowina vor, die wieder unter sowjetische Verwaltung gestellt werden. 70 000 Überlebende kehren zurück, 380 000 ermordete Juden deckt die ukrainische Erde. Von ehemals 800 000 Juden in Rumänien leben nach dem Zweiten Weltkrieg noch 420 000 in diesem Land.
Ein sowjetisches Tribunal verurteilt den rumänischen Marschall Antonescu, den Präsidenten Mihai Antonescu, den Innenminister Constantin Vasilliu und den Gouverneur von Transnistrien Gheorghe Alexianu zum Tode. Am 1. Juni 1946 erfolgt die Hinrichtung. Die Ermordung der rumänischen Juden spielte bei diesem Urteil keine Rolle.
In Rumänien wurde lange Zeit die rumänische Schuld geleugnet. Alle Verbrechen hätten die Deutschen und später die Sowjets angerichtet.
Die Archive blieben geschlossen. Der Holocaust in Transnistrien wurde vergessen. Erst als Rumänien um Aufnahme in die NATO und die EU verhandelte, konnte eine internationale Historikerkommission die Vorgänge in Transnistrien prüfen und im Abschlussbericht 2004 die Verantwortung des rumänischen

Staates und seiner handelnden Personen benennen. Reisende in Rumänien werden feststellen, dass es sich auch heute noch um ein Tabuthema handelt.
Rose Ausländer verlor in Transnistrien Verwandte, Freunde, Bekannte und Kollegen. Sie trauert um sie und gedenkt ihrer in Gedichten:

**Transnistrien 1941**

Eislaken auf Transnistriens Feldern
wo der weiße Mäher
Menschen mähte

Kein Rauch kein Hauch
atmete
kein Feuer
wärmte die Leichen

Im Schneefeld schlief das Getreide
schlief die Zeit
auf Schläfen

Die Zunge der Himmelswaage
ein funkelnder Eiszapfen
bei 30 Grad Celsius unter Null

## Jenseits des Bug

Gewandert bis kein
Dach überm Haupt
kein Schuh auf dem Fuß

Im Igelland
mit gesträubten Stacheln
empfangen
Riesenlanzen vom
Winterschlaf
ins Wanderhaar

Gefrorenes Flussbett
bei den verflossenen Vätern
schriller Eiszapfenschrei

Durchwandert die
Schneeteppichsteppe

Ein Hungerzelt aufgeschlagen
jenseits des Bug
Nicht weiter gewandert
hier endet
das Trauerspiel
führt Tod die Regie
Das rote Lämmer-Wolf-Spiel
im Schnee

## In Memoriam Chane Rauchwerger

Getto
Hungermarsch

Bei 30 Grad unter Null
schlief meine fromme Tante
immer betete sie
glaubte inbrünstig an Gerechtigkeit
schlief meine sündlose Tante
ihre Tochter ihr Enkel
nach vielen Hungermarschtagen
auf dem Eisfeld in Transnistrien
unwiderruflich
schliefen sie ein

Der Glaube
der Berge versetzt
o weiser Wunderrabbi von Sadagora
Chane Rauchwerger glaubte an dich
Wo warst du
damals
wo war dein Wunder

Die zurückbleibenden Juden müssen Zwangsarbeit verrichten und leiden Not. Mehr als 40 000 Czernowitzer Juden werden in der Stadt, in Lagern in

Transnistrien und in Arbeitslagern in Rumänien zu Tode gebracht. Rose Ausländer und ihre Mutter überleben in Czernowitz. Zunächst, weil die Dichterin zum medizinischen Personal gerechnet wird – ein befreundeter Arzt hatte ihr eine Arbeitsstelle als Krankenschwester in einer Augenklinik beschafft – und deshalb für sich und ihre Mutter eine Aufenthaltserlaubnis erhält und im letzten Jahr vor der Rettung im April 1944, in dem sich die beiden Frauen immer wieder in einem Kellerversteck verbergen. Die Zeit nach der Rettung beschreibt die Lyrikerin in dem Gedicht:

**Schallendes Schweigen**

Manche haben sich gerettet
Aus der Nacht
krochen Hände
ziegelrot vom Blut
der Ermordeten

Es war ein schallendes Schauspiel
ein Bild aus Brand
Feuermusik
Dann schwieg der Tod
er schwieg

Es war ein schallendes Schweigen
Zwischen den Zweigen
lächelten Sterne

Die Geretteten warten im Hafen
Gescheiterte Schiffe liegen
Sie gleichen Wiegen
ohne Mutter und Kind

Ihr weiteres dichterisches Werk wird durch dieses Erleben und die erlittenen Traumata bestimmt.

### Erwachen I

Aus zerrütteten Träumen
erwachend
im Nessellager

ich beobachte
den Bau
gigantischer Galgen

für mich
und
mein Volk

Und noch viele Jahre später notiert sie: »Nein / ich vergesse nicht / die eingebrannten Jahre [...]«.
Zwar behält sie das Urvertrauen in die Sprache – alles ist sagbar – aber für ihr Dichten hält sie fest: »Was später über uns hereinbrach, war ungereimt, so alpdruckhaft beklemmend, dass – erst in der Nachwirkung, im nachträglich voll erlittenen Schock – der Reim in die Brüche ging. Blumenworte welkten. Auch viele Eigenschaftswörter waren fragwürdig geworden [...] Das alte Vokabular musste ausgewechselt werden. Die Sterne – ich konnte sie auch aus meiner Nachkriegslyrik nicht entfernen – erschienen in anderer Konstellation.«

*Rose Ausländer nach der Emigration 1951 in New York*

## Die Exilgedichte

Im Juni 1946 verlässt Rose Ausländer Czernowitz und geht nach einem kurzen Zwischenaufenthalt in Satu Mare nach Bukarest. Sie erhält Einwanderungspapiere in die USA; Freunde haben für sie gebürgt. Die »displaced person« reist mit dem Zug nach Constanza, begibt sich dort an Bord der »SS Wellsley Victory« und tritt die Seereise nach New York an. Sie weiß nicht, dass sie ihre Heimat endgültig verlassen hat, weiß aber, dass sie dem Terror und der Vernichtungsmaschinerie des Hitlerstaates und seiner Verbündeten und auch dem Terror der stalinistischen Sowjetunion und deren Vasallen entkommen ist. Physisch krank ist sie und psychisch angeschlagen, schreckensstarr ob des Erlebten und Erlittenen, aber: sie ist davongekommen. Ende September 1946 erreicht die Dichterin New York; Freunde nehmen sie auf. Sie findet schnell Arbeit, leidet keine materielle Not. Doch die Nachricht vom Tode der Mutter im Februar 1947 führt zu einem psychischen Zusammenbruch. Die Einheit von Heimat und Mutter ist zerbrochen; sie erkennt die Heimat als unwiederbringlich verloren. Nur langsam findet Rose Ausländer in den Alltag zurück, versucht sich in New York zu orientieren und sucht Anschluss an Emigranten und deren kulturelle Zirkel.

Die Schreibhemmung – seit 1944 hat die Poetin keine Gedichte mehr geschrieben – löst sich. Aber sie schreibt in Englisch. Warum? Selbst sagt sie dazu: »Nach mehrjährigem Schweigen überraschte ich mich eines Abends beim Schreiben englischer Lyrik.« Keine weiteren Erklärungen, aber es lassen sich Gründe finden. Ein ganz gewichtiger Grund ist sicher, dass ihr das Schreiben in deutscher Sprache, die »von der Mutter- zur Mördersprache geronnen ist«, als Folge des Erlebten verwehrt ist. Verständlich wäre der Sprachwechsel auch bei einem Menschen wie ihr, für den Sprache Heimat ist, als Reaktion auf den Verlust der Heimat Bukowina. Sicher ist es aber auch eine Anpassung an den neuen Lebensraum. Seht her, ich bin hier und ich schreibe meine Gedichte in Englisch; ich will hier eine neue Heimat finden. Ganz pragmatisch kommt hinzu, dass sie nicht für die Schublade schreiben will. Publikationsmöglichkeiten in deutscher Sprache sind jedoch in New York Ende der Vierziger Jahre nur spärlich vorhanden.
In den Jahren des englischen Schreibens vollzieht sie ihren stilistischen Wandel: weg aus den Fesseln der Metrik, hin zu freien Versen und Rhythmen. Dabei orientiert sie sich zunächst an zeitgenössischen amerikanischen Dichtern wie E.E. Cummings, William Carlos Williams und an der Dichterin Marianne Moore. Dann aber bildet sie ihren eigenen originären Stil aus,

der sie später bekannt und berühmt machen wird. Amerikanische Literaturwissenschaftler und Kritiker attestieren den englischen Gedichten einen hohen Rang.
Matthias Bauer, Professor für Englische Philologie an der Universität Tübingen, der sich intensiv mit Rose Ausländers englischen Gedichten befasste, bescheinigt ihr neben der ausgezeichneten Kenntnis der englischen Sprache die Kenntnis englischer Lyrik seit Shakespeare und den Mut, in gelungener Weise mit der Fremdsprache umzugehen, wie es kein Muttersprachler wagen würde. Er erkennt deshalb im englischen Schreiben der Dichterin weniger ein Sprachtrauma, als vielmehr die Freude am kreativen Schaffen mit Worten. Eines der Beispiele, die er anführt, ist das Gedicht »THIS WORD«.

**THIS WORD**

This word
Small but whole
in your hand
hold.

Your Jewel is night.
Mine is moon.
We meet

on concrete plane
none whole alone
each needing each:
The giving
the holding
the dark dark
the illumined dark.

1956 führt die Poetin Marianne Moore, die aus einer deutschen Familie kommt, Rose Ausländer während einer »Writers Conference« – wir nennen dies heute einen Workshop – zurück zur »Mutter Sprache«, zurück in »unser verwundetes / geheiltes Deutsch«. Die Dichterin bleibt in New York eine Fremde, die »Ausländer«. Alle Versuche, sich neu zu verwurzeln, schlagen fehl. Nur kurz währt das Gefühl, welches sich am Ende der siebenmonatigen Europareise 1957 einstellte, das Gefühl, »das New York als ein Zuhausesein empfindet«. Zurück, bezieht sie wieder ein möbliertes Zimmer. Seit sie die Heimat verlassen hat, hat sie nie wieder eine eigene Wohnung, nie wieder eigene Möbel besessen. Pensionen, Hotels, möblierte Zimmer und Appartements sind ihr Zuhause. All ihre Habe – dazu gehören tausende Seiten Gedichtmanuskripte, eine Vielzahl von Briefen und Büchern, Fotos und Dokumenten – bewahrt sie in Koffern auf.

Immer bereit zu neuem Aufbruch, zur schnellen Flucht, falls es sein muss.
Sie lebt in New York, arbeitet dort als Fremdsprachenkorrespondentin in einer großen Schiffahrtsspedition und träumt gemeinsam mit Freunden vom verlorenen Czernowitz und sehnt sich zurück in »ein deutschsprachiges Milieu«. Sie hofft, dort endlich wieder angemessen publizieren zu können. Die Einsamkeit und Verlorenheit der Emigrantin scheint in vielen Gedichten auf.

**Ein Tag im Exil**

Ein Tag im Exil
Haus ohne Fenster und Türen

Auf weißer Tafel
mit Kohle verzeichnet
die Zeit
im Kasten
die sterblichen Masken
Adam
Abraham
Ahasver
wer kennt alle Namen

Ein Tag im Exil
wo die Stunden sich bücken
um aus dem Keller
ins Zimmer zu kommen

Schatten versammelt
ums Öllicht im ewigen Lämpchen
erzählen ihre Geschichten
mit zehn finstern Fingern
die Wände entlang

Rose Ausländer kämpft um die Ausreise ihrer Familie – Bruder, Schwägerin, Nichte und Neffe – aus Rumänien nach New York. Sie stellt Anträge, schreibt Petitionen, gibt Bürgschaften ab, reicht immer wieder Dokumente ein. Endlich, 1963, erhält sie die Nachricht, die Familie sei im UNO-Flüchtlingslager in Wien und dürfe in die USA einreisen. Sofort reist sie nach Wien. Nur zweimal noch, jeweils für einige Monate, kehrt sie nach New York zurück. Jetzt, wo klar ist, dass sie die Stadt verlässt, kann sie Frieden mit ihr schließen.

*In New York 1960*

## New York

Fieberndes
schneehohes Babylon
schwarz-weiß

Zwei fließende Parallelen

Im Hexenkessel
acht Millionen Menschen

Die Statue ruft
Freiheit
Freie Kunst
das große Spiel

Freie Laster
Krebsgeschwüre

Augenzeuge
schleif deine Zunge zum Messer

leg ein Lied auf deine Lippen
rühm das gespaltene Herz
dieser Stadt

## Die Gedichte über die Sprache als dichterisches Medium, als Handwerk und als Heimat

1964 lässt sich Rose Ausländer in Wien nieder. Eine Pension in der Hörlgasse ist ihre »Wohnung«. Die Ortswahl ist für die Poetin selbstverständlich: seit ihrer Geburt fühlt sie sich – unabhängig von ihren wechselnden Staatsbürgerschaften – als Österreicherin. Schon einmal war Wien während des Ersten Weltkriegs Zufluchtsort der jungen Rosalie Scherzer und ihrer Familie. Jetzt aber ist sie dort üblen antisemitischen Vorwürfen ausgesetzt. »Ich hätte nicht gedacht, dass dies zwanzig Jahre nach Auschwitz möglich wäre!« Entsetzt flieht sie aus Wien und Österreich. Den deutschen Sprachraum will sie jedoch nicht verlassen. Ein Hinweis von Freunden aus Düsseldorf – dort leben fast zweihundert Juden aus Czernowitz – veranlasst sie, dort hinzureisen. Sie bleibt bis zu ihrem Tod in der Stadt am Rhein. Zunächst sieben Jahre lang in einer Pension, danach im Nelly-Sachs-Haus, dem Elternheim der Jüdischen Gemeinde.
Rose Ausländers letzter Versuch, noch einmal heimisch zu werden, schlägt fehl. Auch in Düsseldorf bleibt sie die Ausländerin, die Fremde. »Ich wohne nicht, ich lebe.« Und wo lebt sie? »In meinem Mutterland / Wort.« Das Übersiedeln in die Sprache schafft den Schutzraum, der das Überleben garantiert.

Die Einheit von Heimat und Mutter (Sprache) wird wiederhergestellt.

**Mutter Sprache**

Ich habe mich
in mich verwandelt
von Augenblick zu Augenblick

in Stücke zersplittert
auf dem Wortweg

Mutter Sprache
setzt mich zusammen

Menschmosaik

**Wege**

wollen gegangen werden
geh »ein Wort weiter«

gradaus schräg
hinab hinauf

finde deinen Schritt
im Sternenwald

Licht kleidet dich
in Schatten

Geh
in den Steinbruch
der Wörter

*Rose Ausländer 1973
im Nelly-Sachs-Haus,
dem Elternhaus der
Jüdischen Gemeinde
in Düsseldorf*

Mitte der siebziger Jahre des 20. Jahrhunderts beginnt der steile Aufstieg der »alten« Lyrikerin zur bekannten und schließlich zur berühmten Poetin. Die Bände »Gesammelte Gedichte«, »Doppelspiel«, »Mutterland«, »Mein Atem heißt jetzt« und »Mein Venedig versinkt nicht« sind die Meilensteine auf diesem Weg. Rasch wächst die Zahl ihrer Leser, die Kritiker sind begeistert, sie wird mit Literaturpreisen überhäuft und schließlich – mit üblicher Verspätung – wendet sich auch die Literaturwissenschaft ihr zu.
Besessen schreibt Rose Ausländer und schöpft die Möglichkeit, erstmals ohne Einschränkungen publizieren zu können, begeistert aus. »Ich schreibe für mich. Aber ich publiziere für Leser. Und deren Echo ist Sonnenschein für mich, ohne den ich vielleicht nicht wachsen könnte«, notiert sie und »Das Gedicht braucht Weite, Breite, Tiefe, Resonanz. Das Gedicht will sprechen, ansprechen, aussprechen, sich aussprechen. Das Gedicht ist kein Ruheplatz, ist ruhelos, auch das stillste Gedicht hat eine Stimme und will so reden, daß viele, wenn möglich alle Menschen es hören. Allein gelassen, schläft es ein, es stirbt nicht – es schläft den Dornröschenschlaf, jeder der es liest, wie es sich sucht, wie es aus dem himmlischen Nichts entstanden ist, der seine wahre Gestalt sieht, der es liebt, ist der erlösende Prinz, erweckt es. Es wird immer wieder erweckt, es hat unzählige Leben.«

Ihr Werk ist ein Dialogangebot. Die Leser sind aufgefordert, sich darauf einzulassen, den Kosmos der Dichterin kennenzulernen, sich selbst einzubringen und damit immer neue Erfahrungen zu machen.
Die Poetin leitet schließlich ihre gesamte Identität aus ihrem Schreiben her:

**Wer bin ich**

Wenn ich verzweifelt bin
schreib ich Gedichte

bin ich fröhlich
schreiben sich Gedichte
in mich

wer bin ich
wenn ich nicht
schreibe

Sehr wohl ist sich Rose Ausländer der Basis ihres Schreibens bewusst: »Dichten / ein / Handwerk.« Und sie kennt auch ihre Grenzen:

Nie
werde ich die Drossel
erreichen

Nie
mit drei Tönen
umgehen
als wären sie
alles

Nicht immer ist sie sich ihrer Möglichkeiten sicher, zweifelt an ihrem Tun, beschwört dessen Sinn:

**Hoffnung**

Mein
aus der Verzweiflung
geborenes Wort

aus der verzweifelten Hoffnung
daß Dichten
noch möglich sei

Aber letztlich findet sie die bergende Antwort, gewinnt Sicherheit und die Gewissheit, dass Dichten ihr Leben bedeutet. Und »Atem« steht in ihren Gedichten immer für »Leben«.

**Raum II**

Noch ist Raum
für ein Gedicht

Noch ist das Gedicht
ein Raum

wo man atmen kann

In jenen Jahren beschäftigt sich Rose Ausländer auch mit Leben und Werk anderer Dichterinnen und Dichter, mit Malern und Komponisten, mit Philosophen und Personen aus der Bibel. In diesen Gedichten entsteht ihr Bild von Spinoza, Brunner, Itzig Manger, Paul Celan, Peter Huchel, Günter Eich, Van Gogh, Rembrandt, Mozart und Johann Sebastian Bach, von Ruth, Adam und Eva und vielen anderen. Sie reiht sie auf und stellt sich in diesen illustren Kreis. Seht her, das ist meine Familie, das sind meine Leute, zu diesen geselle ich mich.

**Paul Celans Grab**

Keine Blumen gepflanzt
das sei überflüssig

Nichts Überflüssiges
nur
wilder Klatsch-Mohn
schwarzzüngig
ruft uns ins Gedächtnis
wer unter ihm
blühte

Selten hat ein Gedicht seinen Lesern einen Ort so nachhaltig bildhaft eingeprägt wie dieses von Rose Ausländer. Das Grab ihres eine Generation jüngeren Landsmannes Paul Celan von wildem Klatsch-Mohn bewachsen.

Selten hat ein Gedicht so viele Leser erreicht. Erstveröffentlicht wurde es am 24.02.1971 in der FAZ auf einer Seite mit Erinnerungstexten für den Dichter, der zehn Monate zuvor sein Leben beendete. 1974 interpretierte Karl Krolow diesen Text in der *Frankfurter Anthologie*, wieder in der *FAZ*. Er erschien in dem Band »Andere Zeichen« von Rose Ausländer, wurde in die »Gesammelte[n] Gedichte« ebenso aufgenommen wie in die beiden Gesamtwerkausgaben und in mehrere Taschenbücher. Das Poem wurde in über vierhundert Anthologien nachgedruckt und erschien bis heute in 42 Sprachen. Wahrscheinlich haben Hunderttausende Leser dieses Gedicht kennengelernt, haben sich ansprechen und beeindrucken lassen.

## Karl Krolow, Mohn und Gedächtnis

»Rose Ausländer kommt aus der Bukowina. Sie kommt aus Czernowitz, wuchs in der Stadt auf, in der auch Paul Celan jung war. Viele ihrer Gedichte geben diese östliche Landschaft wieder, die der Fluß Pruth durchzieht. Sie musste ihre Heimat verlassen und lebte fast zwei Jahrzehnte lang als Übersetzerin und Korrespondentin in New York, ehe sie in die Bundesrepublik kam. Sie lebt jetzt in Düsseldorf. 1966 war sie bei einem literarischen Preisausschreiben erfolgreich. So wurde sie bekannt. Ihr erster Versband damals hieß ›36 Gerechte‹. In ihm ist überall von ihrer Herkunft, ihrem Dasein, ihrer Flucht durch die feindliche Welt die Rede: ›Aus der Wiege fiel mein Augenaufschlag in den Pruth …‹ Ihre Gedichte lesen sich wie ein spätes Willkommen in einer verlorenen Landschaft: ›Willkommen / Wanderer / hergeweht zu uns aus der Steppe.‹
In einem neuen Gedichtband, der ›Andere Zeichen‹ betitelt ist, hat Marie Luise Kaschnitz Rose Ausländers

Person und ihre Verse beschrieben, hat von ihrer ›kühnen und traurigen Stimme‹ gesprochen und von ihrer Art, Worte zu machen: ›Lautlose Worte, Fischworte werden getauscht und mit dem eigenen Atem Mühlen in Bewegung gesetzt.‹ Obwohl bei Rose Ausländer Orte genannt werden, sind ihre Gedichte von einer traurigen Ortlosigkeit. Überall könnte ihr Ort liegen und nirgends. Und das hier gewählte Gedicht spricht von dem letzten Ort, den ein Mensch findet. Es nennt ein Grab, nicht irgendein Grab, vielmehr die Ruhestätte ihres jüngeren Landsmannes Paul Celan auf einem unauffälligen Pariser Vorortfriedhof: und wie der Friedhof das Grab, klatschmohnbewachsen, dem Rose Ausländers Gedächtnis gilt: ›Nichts Überflüssiges‹. Das gilt auch für das kurze Gedicht, das mit Wenigem auskommt, um zu sagen, was übrigblieb, fast nichts: ›wilder Klatsch-Mohn / schwarzzüngig‹, still wuchernde Vegetation, die dieses Gedächtnis-Gedicht für einen Augenblick begleitet. ›Keine Blumen gepflanzt‹. Das wäre auch nicht notwendig gewesen für dieses einsetzende Gedächtnis. Nichts anderes als ›Mohn und Gedächtnis‹, von dem hier etwas gesagt wird. So hieß einst – man schrieb das Jahr 1952 – der Gedichtband, mit dem Paul Celan berühmt wurde.
Ein knappes Vierteljahrhundert später steht eine Frau, die wie der Tote Verse geschrieben hat, vor dem Grab dieses ihr gut bekannt Gewesenen. Er war ihr nicht

nur menschlich vertraut, er war ihr literarisch nahe. Wie Celan schreibt Frau Ausländer Gedichte einer exilierten Existenz, Gedichte einer Flucht vor Nachstellungen, Gedichte vom Unterwegssein: ›Auf das Wohl / auf das Wohl / aller Wanderbrüder / Le Chaim / Ahasver.‹ Doch der Blick der Lyrikerin Rose Ausländer fällt auch auf das Unauffällige, auf das nichts als Stille, an den Ort Geheftete. Er ruhte so – neun kurze Zeilen lang – auf ›Paul Celans Grab‹ als Gedächtnis für das, was ›blüht‹, sein Wort, sein Gedicht, in dem sie sich wiedererkannt hatte.

Das Gedicht wirkt wie hingeflüstert. Man hört die gedämpfte Stimme – einen Satz lang. Es sind die ›lautlosen Worte‹, die Marie Luise Kaschnitz bei Rose Ausländer vernahm und die gewiß dieses Gedächtnis-Gedicht bestimmen. Gewissermaßen stimmlose Worte. Aber doch genau genug, um zu sagen, was vom ›Blühen‹ übrigblieb: der wilde Mohn, Celans Blume. Celan hatte Blumen gern, liebte sie sogar. Aber sie fanden in seinen Gedichten wenig Aufnahme. Seine Gedichte waren für anderes notwendig geworden. ›Keine Blumen gepflanzt / das sei überflüssig …‹ Der Mohn auf dem Dichtergrab hat sich selber ausgesät.«

Ganz selbstverständlich gehen wir davon aus, dass die Dichterin vor diesem Grab auf dem Pariser Vorortfriedhof Thais gestanden hat und beschrieb, was sie sah. Auch Karl Krolow tat dies, wenn er anmerkte,

»[es] steht eine Frau, die wie der Tote Verse geschrieben hat, vor dem Grab des ihr persönlich so gut bekannt Gewesenen.« Ja, Rose Ausländer kannte Paul Celan gut aus der gemeinsamen Heimatstadt Czernowitz und hatte ihn auch mehrmals in Paris besucht. Vor allem kannte sie seine frühen Gedichte und seine Bände »Mohn und Gedächtnis« und »Von Schwelle zu Schwelle«, zu denen sie notierte: »Der Tod hat seinen besten Dichter ins Leben gerufen.«

Aber Rose Ausländer war niemals auf dem Friedhof Thais und hat niemals Celans Grab besucht. Die mit Celan seit Kindertagen befreundete Edith Silbermann hatte Fotos von Celans Grab nach einem Besuch in Paris mitgebracht und berichtet, dass Gisele Celan-Lestrange, die Witwe des Dichters, sich geweigert hätte, das Grab mit ihr zu besuchen und auf ihren Vorhalt, es seien ja keine Blumen auf dem Grab gepflanzt, geantwortet hätte, das sei überflüssig.

Beim Betrachten der Fotos wird auch sofort klar, dass eine Bepflanzung nicht möglich ist: Das Grab wird durch eine schwarze Granitplatte bedeckt. Es ist Ruhestätte für Paul Celan und seinen Sohn Francois, der nach seiner Geburt nur wenige Stunden lebte. »Die beiden Türen / schlagen noch«, notierte der Vater im Gedicht »Francois« für seinen Sohn. Beider Namen, Geburts- und Sterbedaten sind in den Granit eingemeißelt. Und nur wenn man sehr genau hin-

schaut, erkennt man auf den Fotos einige Grabreihen weiter, zwischen den Gräbern und zwischen gelben Wildblumen, die Blüten des roten Mohns, die sofort verblühen, wenn man sie pflückt.
Im Gedicht greift Rose Ausländer den Dialog zwischen Gisele Celan und Edith Silbermann auf und schafft angeregt durch den wild wachsenden Mohn das imaginäre Grab des Dichters. Durch die herausgehobenen Versenden Mohn und Gedächtnis ruft sie Celans berühmten Gedichtband auf und weist auf dessen Leben im Spannungsfeld von Vergessenwollen und Erinnernmüssen hin. Der schwarzzüngige Mohn: einerseits wird hier der Blütenboden angesprochen, der an eine schwarze Zunge erinnert, andererseits ist aber die Zunge das Symbol des Dichters und war über Jahrtausende, als Dichtung nur mündlich verbreitet wurde, auch dessen Werkzeug. Der Dichter ist tot. Die Silbermünze auf seiner Zunge, Totenbeigabe der Griechen als Fährgeld für Charon – in Celans Dichtung spielt die griechische Mythologie eine wesentliche Rolle – hat seine Zunge schwarz gefärbt. Schwarz auch wie die »schwarze Milch der Frühe«, die in seiner »Todesfuge« den millionenfachen Mord ankündigt. Und natürlich bringt Rose Ausländer sich hier selbst ins Gedicht, entlehnte doch Celan die Metapher »schwarze Milch« einem ihrer frühen Gedichte aus dem Band »Der Regenbogen«.

Der Dichter ist tot, er hat geblüht, aber sein Werk blüht wie der Mohn immer wieder neu.
Rose Ausländer ist in diesem zarten, wie gehauchten Gedicht Paul Celan sehr nahe und ist doch ganz bei sich.

*1977 in Rose Ausländers Zimmer im Nelly Sachs-Haus*

## Die Gedichte von der Liebe, vom Altwerden und vom Tod

Seit 1976 ist Rose Ausländer beim Publikum bekannt und erhält die gebührende Anerkennung. Seit 1972 lebt sie nach einem Unfall mit einem Knochenbruch im Altenheim. Die Bewältigung ihres Alltagslebens aber wird für sie immer schwieriger. Der kranke Körper fordert Tribut. Den Kontakt zu den Freunden aufrechtzuhalten, macht zunehmend Mühe. Das Interesse der Verlage, der Medien, der Leser an ihrem Werk und ihrer Person ist ihr zwar hochwillkommen, beschneidet aber immer stärker die Zeit, die zum Schreiben und Überarbeiten ihrer Gedichte notwendig ist. Schon früher hat sie einmal festgehalten:
»Jeder will etwas von mir: ein bisschen Blut, ein bisschen Hautduft, ein bisschen Futter, ein bisschen Schadenfreude, ein bisschen Halleluja. Man möchte ja gern allen gerecht werden, aber man möchte auch gern sich selbst gerecht werden, seine eigene Stimme hören, keine frommen Wünsche haben, einmal alles verwünschen dürfen. Dieses Glück ist einem selten vergönnt.«
In dieser Situation trifft sie, typisch für sie, eine rigorose Entscheidung und erklärt sich für bettlägerig. Aus medizinischer Sicht ist dieser Schritt nicht notwendig. Sie ist krank, aber nicht so krank. Sie enga-

giert zusätzlich zum pflegenden Personal des Heimes eine Privatschwester, die jeden Tag von 15.45 Uhr bis 18.45 Uhr zu ihr kommt. Ihr Bett verlässt sie von jenem Tag an bis zu ihrem Tod zehn Jahre später nicht mehr. Sie verliert den Rest Mobilität, der ihr noch zur Verfügung steht; sie gewinnt die Zeit, um ihr dichterisches Arbeiten so intensiv, wie sie es wünscht, fortzusetzen. Als die Menschen weiter zu ihr drängen, isoliert sie sich. Das pflegende Personal, ihr Bruder, ich als Herausgeber ihres Gesamtwerkes – andere Personen erhalten keinen Zutritt mehr zu ihrem Zimmer. Sie sieht kein Fernsehen, hört kein Radio, liest keine Zeitungen, führt keine Korrespondenzen mehr. Die Poetin versinkt in ihrem dichterischen Kosmos, einem Hypertext, den sie intensivst, mit berserkerhafter kreativer Kraft weiterschreibt. Achthundert Gedichte entstehen in den Jahren der Bettlägerigkeit. Sie werden vollendet oder gänzlich neu geschrieben. Ein grandioses Alterswerk, mit vielen unvergänglichen Texten. Sie verlässt sich in ihrem Schreiben immer mehr auf unser kulturelles Gedächtnis – die knapper werdenden Texte bestehen aus immer weniger Worten – schreibt sie »Adam«, so müssen wir Eva, Paradies, Verführung, Schlange, Apfel, Erkenntnis, Gott, Sterblichkeit, Geschlechtlichkeit, Verstoßung und mehr hinzudenken. Und diese Verknappungen gelingen. Mit wenigen Worten baut die Lyrikerin Welten auf.

Schon lange hat die Dichterin Liebesgedichte geschrieben. Gerühmt werden die Liebessonette vom Anfang der dreißiger Jahre des 20. Jahrhunderts, als sie einige Jahre in einer glücklichen Beziehung mit dem Geliebten Helios Hecht lebt. Jetzt kommentiert sie bitter:

Sein
Sonnenname
sein
Wunderwort

Er
hat mich
verraten

Liebe und Haß

Er ist tot

Ich
vergesse ihn immer
und
bleibe ihm treu

Eingedenk schlechter und guter Erfahrungen ist die Liebe für Rose Ausländer doch:

**Das Schönste**

Ich flüchte in dein Zauberzelt
Liebe
im atmenden Wald
wo Grasspitzen
sich verneigen

weil
es nichts Schöneres gibt

Die Dichterin beobachtet sehr genau den Prozess ihres Alterns. Sie verbirgt dies nicht und findet auch dafür Worte:

**Spiegelbild**

Nimm
deinen Körper
zur Kenntnis

Du blickst
dich an
und fragst
wer bin ich

Du bist nicht
du wirst
älter
alt

**Alter**

Diese harten Tage

Vergeblich leuchten
die Anemonen

Der Himmel ist grau
eine dunkle Wolke
weint

Ich suche den toten Freund
Im Traum

Das Schreiben
tut weh

Liebe und Tod, Eros und Thanatos sind Brüder. So wie die Poetin von der Liebe spricht, so spricht sie auch vom Tode. Wehrt sie sich zunächst gegen ihn, stellt mit Schrecken fest: »Der winkende Tod / denkt /

an mich«, so kann sie am Ende ihres Schreibens und Lebens den Tod annehmen

Mach wieder
Wasser aus mir

Strömen will ich
im Strom

ins Meer münden

Am Ende ihres Lebens ist sie überzeugt, dass ihr Werk weiterleben wird. Es sei ihr gelungen, sich mit wenigen Worten ins Nichts zu schreiben; es werde sie ewig aufbewahren. Und sie notiert: »Der Tod / macht mich / unsterblich.«

Am 3. Januar 1988 stirbt Rose Ausländer. Sie wird auf dem Jüdischen Friedhof im Areal des Nordfriedhofs der Stadt Düsseldorf begraben. Ihr aus New York angereister Bruder Maximilian Scherzer sagt für sie das Kaddisch.
Ihre Leser schätzen und lieben den Dreiklang ihrer Gedichte aus perfektem Handwerk, perfektem Kopfwerk und perfektem Herzwerk. Noch nie war ihr Werk so bekannt wie heute. Es gilt:

## Mein Atem

In meinen Tiefträumen
weint die Erde
Blut

Sterne lächeln
in meine Augen

Kommen Kinder
mit vielfarbenen Fragen
Geht zu Sokrates
antworte ich

Die Vergangenheit
hat mich gedichtet
Ich habe die Zukunft geerbt

Mein Atem heißt
jetzt

## Quellenverzeichnis

Der Abdruck der Gedichte von Rose Ausländer und aller Textzitate erfolgte nach der sechzehnbändigen Werkausgabe, die im Fischer Taschenbuch Verlag, Frankfurt/Main von 1992 bis 1996 erschienen ist.
Alle Fotos wurden von der Rose Ausländer-Gesellschaft, Köln, zur Verfügung gestellt. Sie sind Bestandteil der »Sammlung Rose Ausländer«.

## Über den Autor

**Helmut Braun**
geboren 1948, lebt in der Nähe von Köln. Er ist Vorsitzender der Rose Ausländer-Gesellschaft e.V., Verleger, Kurator, Autor und Herausgeber u.a. des Gesamtwerks von Rose Ausländer, von Edgar Hilsenrath und der literaturwissenschaftlichen Reihen der Rose Ausländer-Gesellschaft e.V.
Publikationen: u.a. Rose Ausländer »Ich bin fünftausend Jahre jung«, Biografie, Stuttgart 2003[2]; »Czernowitz – Die Geschichte einer untergegangenen Kulturmetropole«, Berlin 2013[3]; Edgar Hilsenrath »Ich bin nicht Ranek«, Biografie, Berlin 2006, ebook 2015; Selma Meerbaum (1924–1942) »Du, weißt du, wie ein Rabe schreit?«, Biografie und Werk, Aachen 2015[3].

Jüdische Miniaturen, Band 207

Robert Zimmer
**Constantin Brunner**
Philosoph und
Weisheitslehrer
87 Seiten, 22 Abbildungen
ISBN 978-3-95565-201-2
EUR 8,90

Jüdische Miniaturen, Band 90

Gernot Wolfram
**Paul Celan**
Der Dichter des Anderen
70 Seiten, 8 Abbildungen
ISBN 978-3-941450-07-3
EUR 6,90